Röm. kaiserl. Majestät Kriegsvölker im Zeitalter der Landsknechte.

C. J. Wawra in Wien.

U. Danz in Leipzig.

Copyright © 2013 Marion McNealy

All rights reserved.

This edition, first published in 2013, is an unabridged republication of the rare original work "Römisch Kaiserlicher Majestät Kriegsvölker im Zeitalter der Landsknechte: in facsimilirten Nachbildungen gleichzeitiger Holzschnitte.",

originally published by Count August Johann Breünner Enkevoerth, in Vienna, 1883 . The original 1883 work is in the editor's personal collection.

The Introduction section was written specially for the present edition by Marion McNealy. This edition features updated and current artist and date information. The order of the book has also been modified slightly to make more sense to the modern reader. The captions have been prepared specially for this edition.

ISBN: 0615919944
ISBN-13: 978-0615919942 (Nadel und Faden Press)

Contents

Part I
Deutsche Kriegsleute von Nicolaus Meldemann und Hans Guldenmundt 1520-1530 1

Part II
Landsknecht von David de Necker 55

Part III
Kreigsbuch des Grafen Reinhart zu Solms 107

Appendix
1883 German Introduction by Jacob von Falke 159

ACKNOWLEDGMENTS

This book would not be possible without the contributions of many people.

I'd like to thank: My husband and son for putting up with my book dreams for so many years. Katherine Barich, who told me about Kriegsvölker years ago, and who helped me find the attributions for several woodcuts. John Farthing and Steven Hendricks for helping me track down a few more attributions. Chris Dodd for help cleaning up the text page scans. Marlo Peck for doing the layout and designing the cover

Introduction

It has long been my dream to publish a book of Landsknecht woodcuts. While there are collections of woodcuts depicting the Landsknecht in museums' online collections, there is precious little that is currently in print and available at a reasonable price. This reprint of the 1883 edition of Kriegsvolker is designed to fill that need and allow easy access to a wide variety of artwork depicting the Landsknecht soldiers and officers.

Kriegsvolker contains three distinct books, each containing 50 woodcuts:

Part I – Deutsche Kriegsleute von Nicolaus Meldemann und Hans Guldenmundt, 1530
Part II – Landsknecht von David de Necker, 1560's
Part III – Kreigsbuch des Grafen Reinhart zu Solms, 1559

Many of the woodcuts found in this volume are not available in other sources, including the German Single-leaf Woodcuts 1500-1550, and I am excited to put a copy of these woodcuts into your hands.

Scholarship has come a long ways since Kriegsvölker was originally published in 1883. Where the Graf Enkevoerth had only the initials or name on the woodcut to go on for authorship, thanks to modern scholarship, we now know who the original artist was, in most cases. Some of the plates had an artist's identifying mark and date, however many did not, and these needed to be researched and the modern artist attribution found. This process was relatively painless thanks to these online museum collections and books:

- British Museum:
  www.britishmuseum.org
- Metropolitan Museum of Art:
  www.metmuseum.org/
- Museum Boijmans Van Beuningen: collectie.boijmans.nl/en/department/tekeningen-prenten/
- Virtuellen Kupferstichkabinetts of the Herzog Anton Ulrich-Museums Braunschweig and the Herzog August Bibliothek Wolfenbüttel: www.virtuelles-kupferstichkabinett.de
- Geisberg, M., & Strauss, W. L. (1974). The German single-leaf woodcut: 1500-1550, v 1-4. New York: Hacker.

The original 1883 edition is a collection of 150 loose pages, 13 in x 18.25 in (33cm x 46.2 cm) covered with a hard cover tied with ribbons. Each page was scanned in at 600 dpi using a large format A3 scanner and saved as a TIFF file. They were then cleaned up and adjusted for balance and contrast to allow for a high quality printed book.

I hope you enjoy and are inspired by these woodcuts.

Marion McNealy, 2013

Part I
Deutsche Kriegsleute von Nicolaus Meldemann und Hans Guldenmundt 1520-1530

Deutsche Kriegsleute was published by Nicolaus Meldemann and Hans Guldenmundt between 1520 and 1530 in Nuremberg. However, based on the clothing styles, the date is closer to 1530, after the Italian Wars and the Turkish siege of Vienna in 1529.

It is not mentioned in the original text where Graf Enkevoerth saw the 32 colored woodcuts that he so carefully described, but the woodcuts and colors described in his text match perfectly with those purchased by the Museum Boijmans Van Beuningen in 2010, and shared online in their collection. The majority of the colored plate descriptions below were written by looking at those depicted on the Museum Boijmans Van Beuningen website, but there were some that were not available online, and for those, the original description has been translated. The ones with a colored description are marked [Colored] in the caption below each image, and you can find the written color description below.

I.1   Imperial Ceaser Maximillian I, Hans Burgkmair, 1508

I.2   Landsknecht with halberd, Erhard Schön, 1525-1530 [Colored]

Pale red barett. Gold damask wams. Left leg is in green and white stripes, with pale red under slashes and circular cutouts, below knee solid red with green knee garter. Codpiece in same pattern. Right leg in gold, with pale red under cutout areas, below knee solid gold with pale red knee garter.

I.3   Gürtler, Erhard Schön, 1525-1530 [Colored]

Green barett with red feathers, wams and hosen, red with blue under the slashes.

I.4   Fendrich, Erhard Schön, 1525-1530 [Colored]

Red Barett with black woven through the slashes. Green wams; Hosen, left leg is gold and right is red and white stripes.

I.5   Profos, Erhard Schön, 1525-1530 [Colored]

Barett red, Schlappe blue; Rock white with red stripes; Wams gold with blue underneath; golden border at the shirt neck; Hosen blue and gold stripes with red knee garters, golden chain and green sword sash.

I.6   Pyloschnitzer, Erhard Schön, 1525-1530 [Colored]

Red and black barett over a blue schlappe. Gold lederwams over a green and black wams; Green over hosen with red hosen underneath and red garters at the knee.

I.7   Ulrich von Ulm Parchant Weber, Niklas Stoer, 1525-1530   [Colored]

Red and blue barett. Maille gollar, wams and hosen are split: left side is gold and right side is a pale pink with red and blue stripes underneath it. Underneath the panes on the arms, the right is red and the left is blue.

I.8   Ueyt Pildharver, Peter Flötner 1535 [Colored]

Red barett over a green schlappe. Wams is white with blue underneath. Hosen is striped blue and white, right leg has rows of red loops down leg, the left side has an overlay of red that is slashed and sliced.

I.9   Schuldthos, Niklas Stoer, 1525-1530   [Colored]

Man: Red barett with grey feathers over a red and gold caul. Rock is a gold/pink color with blue bands and a green lining at the collar. Wams and hosen are deep red, with green knee garters.

Woman: Blue barett with white feathers over a white steuchlein. Green dress with deep red front bands and cuffs, with pink band at hem. Underskirt is gold with deep red band at hem. Gollar is deep red with white fur edging.

I.10   Landsknecht, Hans Sebald Beham, 1525

I.11   Wachmayster, Erhard Schön, 1525-1530   [Colored]

Red barett with white feathers. Wams and hosen are blue and white striped, with a dark red stripe at the elbow. Over hose are pale pink, with yellow knee bands and sword belt. Spear has a green tassel.

I.12   Feldtwaybel, Erhard Schön, 1525-1530   [Colored]

Blue barett with white feathers. Deep red and white striped wams and hosen. Hosen has green underneath the slashes, right knee has gold garter, left knee has blue. Gold sword belt.

I.13   Prabantmaister, Erhard Schön, 1525-1530   [Colored]

Pink barett with white feathers over a green schlappe. Wams and hosen are red and yellow striped, with dark blue seen under the slashes. Knee garters are green. Sword belt is black. Tassel on spear is green.

I.14   Feldtvaybel, Erhard Schön, 1525-1530   [Colored]

Bright red barett. Wams body and over hosen are blue and white striped, but the arms are golden yellow, as are the underhose. Knee garters and sword belt are dark red, to match the color under the slashes of the wams.

I.15   Clas Wintergrön, Niklas Stoer, 1525-1530   [Colored]

Clas(father): Green barett with a red ribbon and black feather. Right side of wams and hosen are purple-pink with blue under the slashes. Left side is gold and black stripes, with red under the slashes.

Heintz (son): Pale gold barett. Black wams, left arm is blue, right is red. Upper part of hose is red, upper legs are gold, lower legs are red on left and blue on right.

I.16   Rotmayster, Erhard Schön, 1525-1530 [Colored]

Barett: blue crown with blue and red alternating on brim. The clothing is split down the middle: right side is white with blue under the slashes; the left side is yellow and black stripes with red under the slashes. Lower hosen, left is black and gold striped, right is pure white. Red ties on the wams at neck, and red knee garters.

I.17   Landsknecht Tailor , Niklas Stoer, 1525-1530

I.18   Musketeer, Hans Sebald Beham, 1525

I.19   Captain and Two Landsknecht, Niklas Stoer, 1538

I.20   Tailor and Seamstress. Erhard Schön, 1525-1530

I.21   Püchsenschütz Erhard Schön, 1525-1530 [Colored]

Red barett hanging by a strap behind him, with a grey feather off to the side. Green wams with red under the slashes, grey maille gollar. Hosen: Left leg, upper hosen is blue and white, left thigh is pale pink and below knee is blue and white striped. Right leg: upper hosen are pale pink; thigh is blue-white striped and below knee is pale pink. Knee garters are green.

I.22   Platner,   Niklas Stoer 1538   after Peter Flötner's 1535 woodcut of Ueyt Pildharver I.8 [Colored]

Blue barett with gold ornaments, bright red schlappe. White shirt with gold embroidery at neck. Pink wams and overhosen, with blue under the chest and arms. On the right leg, under the pink overhosen, blue green and gold stripes; on the left leg under the overhosen, green and white stripes. Red knee bands and green sword belt.

I.23   Zwei Steckenknecht, Niklas Stoer, 1525-1530   [Colored]

Left: Red barett with blue band, grey and white feathers. Wams and upper hosen are green with red under the slashes, left thigh is red with white under the slashes, right is white, lower legs are both green. Knee garters are white.

Right: Barett has white crown with blue and white striped brim, grey feather. Lederwams is pink, wams is blue and white striped. Upper hose, left side is blue and white striped, right side is pure white. Left thigh is pink and gold striped, right is gold with pink under the slashing. Left lower leg is blue and white striped, right is pure white. Staff is red and white striped.

I.24   Doppelsoldner, Erhard Schön, 1525-1530   [Colored]

Red Schlappe with a green peacock feather. Blue and white stripes from right arm, across chest down left leg to the toes, with red under the slashes. The left arm, left side of chest and right leg to the toes are yellow slashes, pinked with small moon shaped cuts with red under the slashes. Knee garters are red.

I.25   Heyne aus der Kirchgassen von Schweiz, Erhard Schön, 1525-1530 [Colored]

 Red barett with a white ostrich feather. Dark red wams with white underneath the slashes Hosen are yellow on left leg, right leg has blue and yellow stripes, both with red underneath the slashes.

I.26   Püchsenmayster, Hans Sebald Beham, 1525-1530   [Colored]

Red barett with a white ostrich feather and green chin band. Shirt has gold collar. Wams is black, with left sleeve red with blue under the slashes, right sleeve is blue, gold and pink stripes. Left leg, upper hose is green, bare thigh, lower leg has green hose with red knee garter. Right leg has blue, pink and gold striped hose, white under the slashes, green knee band. Codpiece is green on left and gold on right.

I.27   Feldt Artzt, Erhard Schön, 1525-1530   [Colored]

Doctor: Blue barett with a gold medallion. Shirt has gold collar, dark red wams. Right leg, red and white striped with blue underneath the slashes. Left leg gold with red underneath, green knee garters

I.28   Landsknecht with boy, Erhard Schön, 1525-1530   [Colored]

Man: Purple-red barett; Wams and hosen: right arm and left leg is blue with red under the slashes. The other half is striped in red, gold, white and red stripes, with green under the slashes. Garters at the knee, left knee is red and right knee is blue.

Boy: Barett green; Wams red with blue under the slits. Yellow short hose, bare legs and yellow knee hosen, blue knee garters.

I.29   Field doctor with wounded Landsknecht, Nicklas Stoer 1525-30

I.30   Landsknecht with dog, Hans Sebald Beham, 1525

I.31   Master of Ordinance, Erhard Schön, 1525-1530

I.32   Michel von Schorendorf oberster feltwaywel, Erhard Schön, 1525-1530   [Colored]

Red barett. Wams has green and pink striped sleeves, with blue under the slashes, and dark red at the shoulders. Hose are green with blue underneath. Knee garters are red with gold ends. Horse is brown with black tack.

I.33   Quartyrmaister, Erhard Schön, 1525-1530   [Colored]

Blue barett with red and gold feathers, over a red schlappe. Wams is a dark purple red. Hosen is blue and gold striped, with pale pink underneath, and red knee garters. Horse is grey, with black tack, and red and gold tassels.

I.34   Muster Schreyber Erhard Schön, 1525-1530   [Colored]

Blue barett over a gold schlappe. Red rock with gold bands. Upper hose are blue, lower hose are black. Black horse, red saddle bag, the tassels are green with gold Knöpfen (tops)

I.35   Büchsenmyester, Erhard Schön, 1525-1530   [Colored]

Blue barett with black feathers, over a white schlappe. Tan leather wams over chest, shoulders and extending down thighs. A dark red wams and matching dark red hosen, with green under the horizontal slashes on thighs. Green knee garters.

I.36   Ein Behemischer Hauptman, Erhard Schön, 1525-1530   [Colored]

A Bohemian Hauptman: Blue barret, cape is blue with gold, other clothing dark red with black boots.

The foot soldiers: Green hats, red wams. The hosen are in two colors, right leg is blue, and the left is gold. Black boots. The horse is brown with black tack.

I.37   Schueknecht Niklas Stoer 1525-1530   [Colored]

Bright red barett, with a dark red stripe around the brim, with a gold schlappe. Buff colored wams, left arm blue with red underneath, right arm red and white striped with green between the strips. Hosen, is blue, red and white striped.

I.38   Edelman, Niklas Stoer, 1525-1530   [Colored]

Red barett with white feather. Right side of wams and hosen is white with pink and blue stripes underneath. Left side of wams and hosen is green with pale gold underneath. The center front and neck are guarded with red, and the sword belt and knee garters are also red.

I.39   Landsknecht, Hans Sebald Beham, 1535

I.40   Landsknecht, Erhard Schön, 1525-1530

I.41   Gall von Underwalden, Erhard Schön, 1525-1530 [Colored]

Blue barett. Wams made of gold strips with red underneath. Right leg of hosen is gold with red underneath, left is blue and white stripes, also with red underneath. Red knee garters.

I.42   Pikeman, Hans Sebald Beham, 1525

I.43   Hanns Unverdorben,, Niklas Stoer 1525-1530 [Colored]

Man: White barett with red schlappe. Buff colored lederwams, sleeves gold with red underneath. Hosen, left leg is striped red and blue, right leg is gold with red underneath. Knee garters, right is green, left is gold

Woman: Red and blue barett over a white steuchlein. Red gollar, green dress with gold cuffs and red band at the hem and white socks.

I.44   Musketeer and Wife, Erhard Schön, 1535

I.45   Landsknecht and Wife. Erhard Schön, 1520-1530

I.46   Landsknecht and Wife (Sudler und Sudlerin) Erhard Schön, 1535

I.47   Courier, Erhard Schön, verse by Hans Sachs 1520-1530 [Colored]

Brown felt hat, brown cape with green lining. The coat of arms is red and white on left, black and gold on right. Red wams, grey hosen with green knee garters.

I.48   Landsknecht Captain, Erhard Schön, 1532

I.49   Landsknecht and Wife. Erhard Schön, 1520-1530

I.50   Landsknecht with a young flag bearer, Niklas Stoer 1525-1530

I.1 Imperial Ceaser Maximillian I, Hans Burgkmair, 1508

I.2 Landsknecht with halberd, Erhard Schön, 1525-1530 [Colored]

Gürtler.

Der Gürtel han ich bey meinen tagen / Von einem herren vngenant
So vil gemacht vnd Peschlagen / In Teütschen Landen wol erkant
Kölnisch/Gespengt/Gestefft/Vergolt / Dem ich sein feyndt wil helffen Gürten
Nun haß ich yetzundt Monadt Soldt / Ob ich erlauffen möcht ein Vrten

I.3 Gürtler, Erhard Schön, 1525-1530 [Colored]

Matx Rosenau crist m einnam
Von Hochburgundt ich widerkam
Von hellem hauffeu zu einem Fendrich erwelt
Mein grosse thaten sein vnerzelt

Wil nun mein fenlein laffen fliegen
In freyen auffrichtigen kriegen
Vnd fur paß dienen einem herren
Der kriegen thüt nach preyß vnd ere.

I.4 Fendrich, Erhard Schön, 1525-1530 [Colored]

I.5 Profos, Erhard Schön, 1525-1530 [Colored]

I.6 Pyloschnitzer, Erhard Schön, 1525-1530 [Colored]

I.7 Ulrich von Ulm Parchant Weber, Niklas Stoer, 1525-1530 [Colored]

Ueyt Pildharver.

Vil schöner Pild haß ich geschnitten Die weren weyt in Marck vñ Stetten
Künstlich auff welsch vnd deutschen sitten So aber ich das selb nit kan
Wiewol die Kunst yetz nimer gilt Muß ich ein anders fahen an
Ich kündt daß schnitzen schöne pilt Vnd wil mit meiner Hellenparten
Nacket vnd die doch leben thetten Eyns großmöchtigen Fürsten wartten

I.8 Ueyt Pildharver, Peter Flötner 1535 [Colored]

Schuldthos.

Im feldt man mich den Schulthos nent
Vnder der Lantzknecht regiment
Wo man im feldt helt ein gericht
So palt klag vnd antwurt geschicht
Red vnd wider red wirt gehört
So beschleuß ich dan an dem ort
So es aber den todt drifft an
Vrteil ich piß auff den gemeinen man

I.9 Schuldthos, Niklas Stoer, 1525-1530 [Colored]

I.10 Landsknecht, Hans Sebald Beham, 1525

I.11 Wachmayster, Erhard Schön, 1525-1530   [Colored]

I.12 Feldtwaybel, Erhard Schön, 1525-1530   [Colored]

I.13 Prabantmaister, Erhard Schön, 1525-1530   [Colored]

I.14 Feldtvaybel, Erhard Schön, 1525-1530   [Colored]

I.15 Clas Wintergrön, Niklas Stoer, 1525-1530   [Colored]

I.16 Rotmayster, Erhard Schön, 1525-1530 [Colored]

I.17 Landsknecht Tailor, Niklas Stoer, 1525-1530

I.18 Musketeer, Hans Sebald Beham, 1525

I.19 Captain and Two Landsknecht, Niklas Stoer, 1538

I.20 Tailor and Seamstress. Erhard Schön, 1525-1530

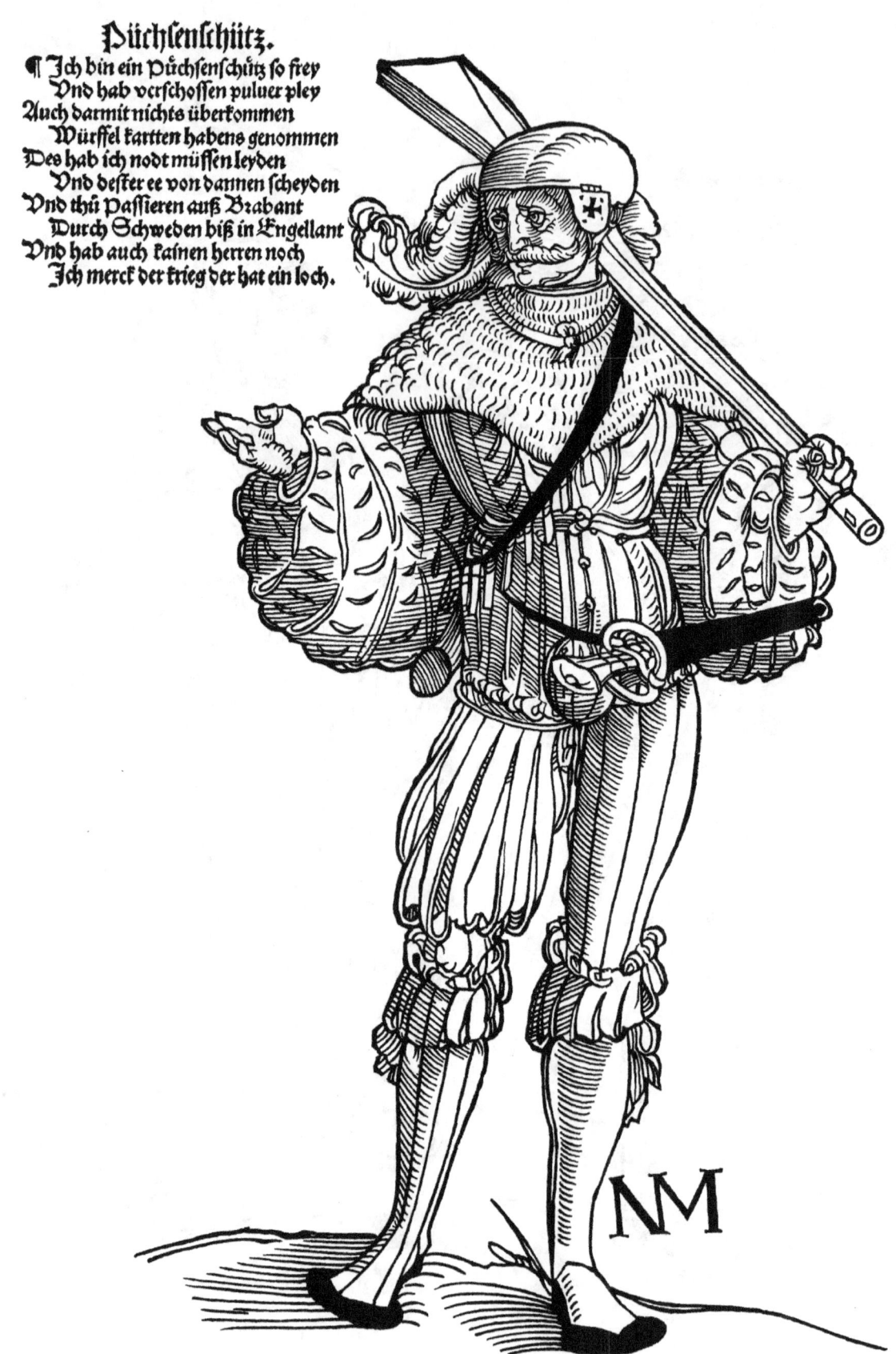

I.21 Püchsenschütz Erhard Schön, 1525-1530 [Colored]

Platner

Ich hab bey allen meinen tagen Das harnisch vnd die helmlin
Der Küris also vil geschlagen Nu wil ich zu dem hellen hauffen auch
Ruck/Krebs/krägen/arm schin Sehen warzu man harnisch brauch

I.22 Platner, Niklas Stoer 1538 after Peter Flötner's 1535 woodcut of Ueyt Pildharve [Colored]

Wir sein zwen Steckenknecht bestelt
Wo sich ein Knecht vnerlich helt
Mit Got schweren vnd falschem Spil
Oder den Frewnden nemen wil
Den Wirten zalen nit die Zech
Oder sonst vnnser Ordnung prech
Den thün wir zum Stockmayster weysen
Der schleüst jn darnach in die Eysen.

Hört her Profos vernembt mich recht
Jch vnd der ander Steckenknecht
Seyn nächten durch das Leger gangen
Vnd handt ein Vollen Knecht gefangen
Der ainen schlüg vber den Fryd
Den haben wir auff weyter beschyd
Dem Stockmayster nächt vbergeben
Rath wie wir weyter mit jm leben

I.23 Zwei Steckenknecht, Niklas Stoer, 1525-1530   [Colored]

I.24 Doppelsoldner, Erhard Schön, 1525-1530   [Colored]

Heyne auf der kyrchgassen von Schweitz.

Hör zů mein lieber vetter gal.
Ich vnd dein vater hant vil mal.
Mit Schweitz erlanget grossen sig.
Vor Meylandt in manigem krieg.
Darumb so dien auch einem herren.
Der fecht nach redlichkeyt vnd eren.
So magst erlangen er vnd preyß.
Vnd auch mit eren werden greyß.

Hans Guldenmundt.

I.25 Heyne aus der Kirchgassen von Schweiz, Erhard Schön, 1525-1530 [Colored]

I.26 Püchsenmayster, Hans Sebald Beham, 1525-1530 [Colored]

I.27 Feldt Artzt, Erhard Schön, 1525-1530   [Colored]

I.28 Landsknecht with boy, Erhard Schön, 1525-1530   [Colored]

I.29 Field doctor with wounded Landsknecht, Nicklas Stoer 1525-30

I.30 Landsknecht with dog, Hans Sebald Beham, 1525

I.31 Master of Ordinance, Erhard Schön, 1525-1530   [Colored}

Michel von Schorendorf oberster felt waywel.

Oberst felt Waibel ich mich nenn	Auff das die Knecht pleyben beston
So die Knecht in schlachtordnung sten	Das sich jr keyner dre darvon
Muß ich vmb die schlachtordnung reytten	Vnd weyl nun weret die Feltschlacht
Hinden fornen vnd auff der seytten	Hab ich auff die ordnung gůt acht.

I.32 Michel von Schorendorf oberster feltwaywel, Erhard Schön, 1525-1530
[Colored]

I.33 Quartyrmaister, Erhard Schön, 1525-1530   [Colored]

Muster Schreyber.

Den muster schreyber mā mich heist
mancher lantzknecht sich ser fleist
Wann er muß durch die mustrūg gan
Wirdt er von mir dañ auß gethan
Vnd wañ sein wunsch mir würde war
Ich über lebet nicht das Jar
In Franckreich ward man mir ser gram
Ee das der pfenning meyster kam

I.34 Muster Schreyber Erhard Schön, 1525-1530   [Colored]

Püchsenmyester.

Jörg Püchsenmeyster nen ich mich
   Der Artlerey pin meyster ich
Mit Kartaunen vnd scharpffen metzen
   Kundt ich die stat Genua dretzen
Da thet ich manchen duren fellen
   Die steyn sach man indt heuser prellen
Vor Pauia lert man mich kennen
   Hülff ich die schlachtordnung drennen
Mit grossem gsoß vnd not schlangen
   Namen wir vil der feindt gefangen
Wo Püchsenmeyster vnd Hauptman
   Greyffen die feindt mit forteyl an
Do tregt der Hauff den preyß daruon
   Deñ die zwen sendt ausserwelt
Man schetzt ein Billich für ein heldt.

Abab

I.35 Büchsenmyester, Erhard Schön, 1525-1530   [Colored]

I.36 Ein Behemischer Hauptman, Erhard Schön, 1525-1530   [Colored]

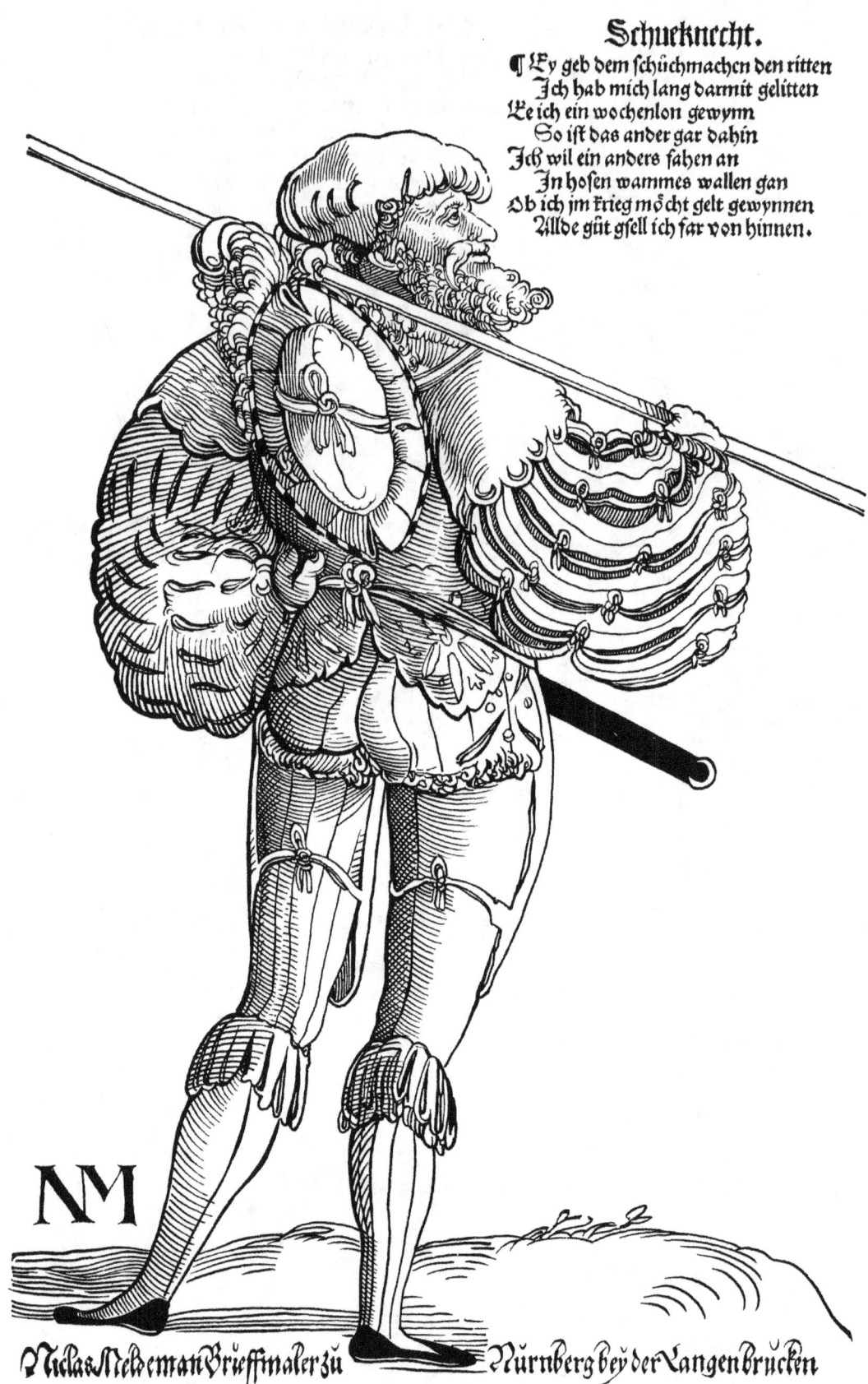

I.37 Schueknecht Niklas Stoer 1525-1530   [Colored]

Edelman.

Ich pin vom Adel hochgeboren
Füre auch mit eren messen sporen
Noch pleiß ich bey frumen lantzknechten
Hilff die gerechtigkeyt verfechten

Foren am spitz da wil ich stan
Als ein frum redlich Edelman
In Kriegen hab ich mein Ritterschafft bewert
Ein redlicher Lantzknecht ist eren werdt

I.38 Edelman, Niklas Stoer, 1525-1530   [Colored]

I.39 Landsknecht, Hans Sebald Beham, 1535

I.40 Landsknecht, Erhard Schön, 1525-1530

I.41 Gall von Underwalden, Erhard Schön, 1525-1530 [Colored]

I.42 Pikeman, Hans Sebald Beham, 1525

Hanns Vnuerdorben.

Auß Franckreich kum wir her geloffen
Das vnglück hat vnns hewer troffen
Zwen Lame finger bring ich mit
Hab auch kein crewtz noch müntze nicht
Doch laß ich die waltfogel sorgen
Ich weyß ein wirt der müß vns porgen
Den wöll wir zalen nach der Reyß
Hin auß zu pfingsten auff dem Eyß

I.43 Hanns Unverdorben,, Niklas Stoer 1525-1530 [Colored]

I.44 Musketeer and Wife, Erhard Schön, 1535

I.45 Landsknecht and Wife. Erhard Schön, 1520-1530

I.46 Landsknecht and Wife (Sudler und Sudlerin) Erhard Schön, 1535

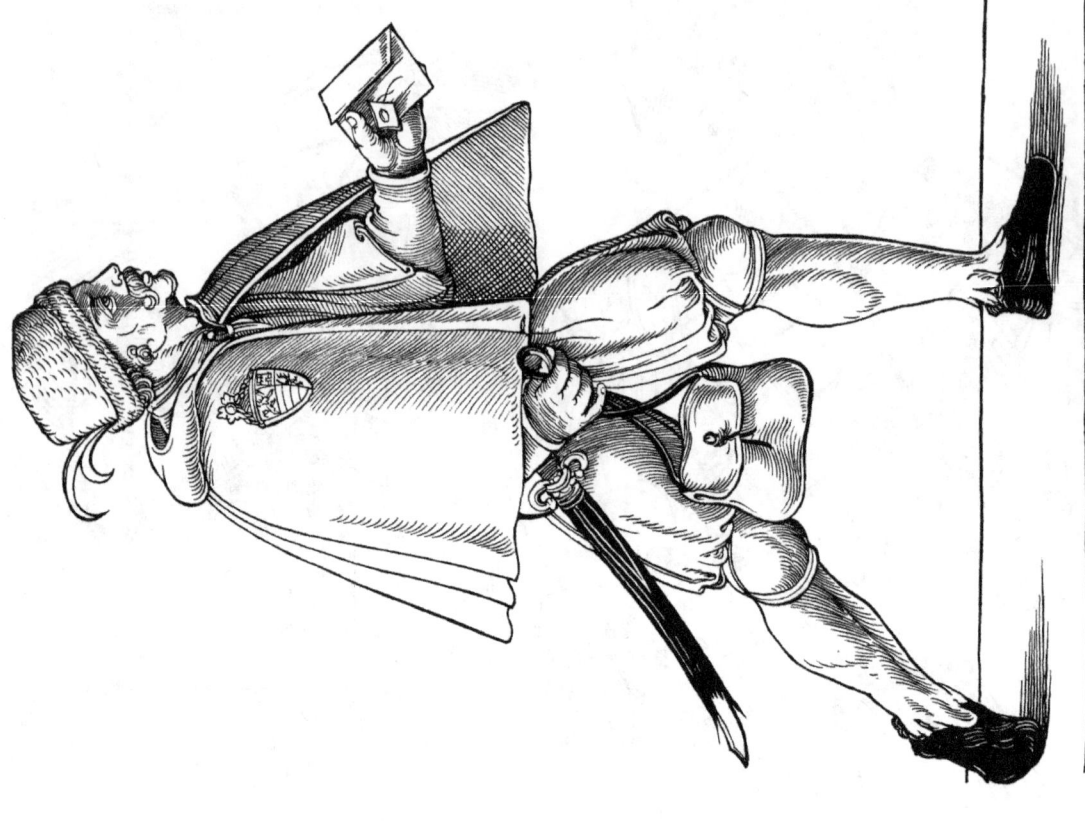

I.47 Courier, Erhard Schön, verse by Hans Sachs 1520-1530 [Colored]

I.48 Landsknecht Captain, Erhard Schön, 1532

I.49 Landsknecht and Wife. Erhard Schön, 1520-1530

I.50 Landsknecht with a young flag bearer, Niklas Stoer 1525-1530

Part II
Landsknecht von David de Necker

While this book of 50 woodcuts was published in the 1560's by David de Necker (or Negkar), the woodcuts actually date from 1520-30. They were cut by his father, Jost de Negker from the artist's drawings. Jost de Negker was a master formschneider, woodcut block maker, and worked for Emperor Maximillian I on many of his projects between 1512-1519. For the 1560's edition, his son David de Necker added the decorative frames and the verses at the top of the woodcuts.

II.1   Bernhardt Tapfferdran / Hauptman. Jörg Breu the Elder, 1525-30

II.2   Jörg Frischerman / Leytenampt. Hans Burgkmair the Elder, 1525-30

II.3   Hartman Seltenlieb / Wachtmaister. Hans Burgkmair the Elder, 1525-30

II.4   Carl Rünermann Schultheiß. Hans Burgkmair the Elder, 1525-30

II.5   Mang Eigennutz / Profoß. Hans Burgkmair the Elder, 1525-30

II.6   Clemnet Herderlein / Forier. Erhard Schön, 1525-30

II.7   Michel Seltenler Feldweybel. Hans Sebald Beham, 1525-30

II.8   Bastl Machenstreit / Profandtmeister. Jörg Breu the Elder, 1525-30

II.9   Peter Wunderlich / Fendrich, Hans Burgkmair the Elder, 1525-30

II.10   Enderle Seltenfrid / Fendrich, Hans Sebald Beham, 1520-30

II.11   Galle Wend den schimpff/ Pfeiffer. Hans Sebald Beham, 1525-30

II.12   Claus hab vergut / Drummelschlager. Hans Sebald Beham, 1525-30

II.13   Lippl Hannenkamm. Jörg Breu the Elder, 1525-30

II.14   Killian Obendrauff. Jörg Breu the Elder, 1525-30

II.15   Haine schlag in hauff / RotWeibel, Jörg Breu the Elder 1525-30

II.16   Florian Leschenbrandt , Christoph Amberger, 1520-30

II.17   Stoffel Mittendrien, Jörg Breu the Younger, 1525-30

II.18   Herman Niemants gsell, Jörg Breu the Younger, 1525-30, 1520-30

II.19   Bartl zalt micht vil, Jörg Breu the Elder 1525-30

II.20   Jäckel sriß umb sost. Hans Burgkmair the Elder 1525-30

II.21   Fritz Rürenschlundt ,Jörg Breu the Younger, 1525-30

II.22   Caspar spring in de Zech, Jörg Breu the Younger, 1525-30

II.23   Merten Liederlich, Erhard Schön, 1525-30

II.24   Haintz Stigl hupffer, Jörg Breu the Younger, 1525-30

II.25   Jeronyme Seltenfro, Jörg Breu the Younger, 1525-30

II.26   Augustin Wagenhals, Hans Burgkmair the Elder, 1520-30

II.27   Bartl Unerzagt, Jörg Breu the Elder 1525-30

II.28   Lorentz Sauberrauß, Jörg Breu the Younger , 1520-30

II.29   Sebold Widerfueg, Jörg Breu the Elder, 1525-30

II.30   Christl on sorg, Jörg Breu the Younger, 1525-30

II.31   Nickel Schwinderlein by Hans Burgkmair, 1520-30

II.32   Cuntz Obennauß, Jörg Breu the Younger, 1525-30

II.33   Paul Guterding, by Hans Burgkmair the Elder, 1520-30

II.34   Liendl alle tag, Hans Sebald Beham, 1525-30

II.35   Symon Clappermaul, Jörg Breu the Elder 1525-30

II.36   Fabian Ruckherzu, Hans Sebald Beham

II.37   Hans Allweg dran, Hans Burgkmair the Elder, 1520-30

II.38   Uli suchen trunck, Hans Sebald Beham

II.39   Anthom Weinhertz, Jörg Breu the Elder, 1520-30

II.40   Rüpl ghab dich wol, Jörg Breu the Elder, 1520-30

II.41   Hans Seltenreich, Jörg Breu the Elder, 1520-30

II.42   Caspar Spar nichts, Jörg Breu the Elder, 1525-30

II.43   Urban Rebansafft, Jörg Breu the Younger, 1525-30

II.44   Theml laß nichs ligen, Jörg Breu the Elder, 1520-30

II.45   Eberlein trit herein, Jörg Breu the Elder, 1520-30

II.46   Bastl Naschauff, Jörg Breu the Younger, 1525-30

II.47   Mathes Thollerhut, Jörg Breu the Younger, 1525-30

II.48   Gylch Winttertroll, Jörg Breu the Younger, 1525-30

II.49   Stoffel allweg vol, Jörg Breu the Younger, 1525-30

II.50   Ambrost Sorgloß, Jörg Breu the Elder, 1520-30

II.1 Bernhardt Tapfferdran / Hauptman. Jörg Breu the Elder, 1525-30

II.2 Jörg Frischerman / Leytenampt. Hans Burgkmair the Elder, 1525-30

Hartman Seltenlieb / Wachtmaister. 3.

Ich bin der Wachtmeister im Heer/ \
Das ich allenthalben fast wehr/ \
Besetz die Päß wol/Stet/die Maur/ \
Die Thör/vnd laß mirs werden saur/ \
Das bey nach kein verrhäterey/ \
Zun Zelten schantzen mag herbey/ \
Halt Schiltwacht vnd gut Guardi frey/ \
Bin die gantz nacht selbrist dabey.

Gedruckt zu Wien in Osterreich / durch Dauid de Necker Formschneider/ \
Mit Röm:Kay:Mt:2c. gnad vnd freyheit nit nachzudrucken.

II.3 Hartman Seltenlieb / Wachtmaister. Hans Burgkmair the Elder, 1525-30

II.4 Carl Rünermann Schultheiß. Hans Burgkmair the Elder, 1525-30

II.5 Mang Eigennutz / Profoß. Hans Burgkmair the Elder, 1525-30

Clement Hederlein/Forier. 6.

Ich bin ein Forier der Landsknecht/ Ein jeden nach seim rechten standt/
Ein jeden zu versorgen recht/ Drumb bin ich vber all bekandt/
Mit Losament vnd legerung/ Hab befelch vom Hauffen in sum/
Groß vnd klein Hans alt vnd jung/ Des hab ich mein Besoldung drumb.

Gedruckt zu Wien in Osterreich / durch Dauid de Necker Formschneider/
Mit Röm: Kay: Mt: rc. gnad vnd freyheit nit nachzudrucken.

II.6 Clemnet Herderlein / Forier. Erhard Schön, 1525-30

II.7 Michel Seltenler Feldweybel. Hans Sebald Beham, 1525-30

II.8 Bastl Machenstreit / Profandtmeister. Jörg Breu the Elder, 1525-30

II.9 Peter Wunderlich / Fendrich, Hans Burgkmair the Elder, 1525-30

Enderle Selten frid / Fendrich. 10.

Ich bin ein Fendrich vmb mein Sold/
Die Knecht haben mich lieb vnd holt/
Stehn mir fest bey in zůg vnd wach/
Bsetzen das Fendlein vor vnd nach/

Mein Leitenampt sieht mir auch bey/
Das Fendlein fleucht in lüfften frey/
Ich trag das frey vnd schwing das eben/
Beim Fendlein laß ich leib vnd leben.

Gedruckt zu Wien in Osterreich/ durch Dauid de Necker Formschneider/
Mit Röm:Kay:Mt:ꝛc.gnad vnd freyheit nit nachzudrucken.

II.10 Enderle Seltenfrid / Fendrich, Hans Sebald Beham, 1520-30

II.11 Galle Wend den schimpff/ Pfeiffer. Hans Sebald Beham, 1525-30

II.12 Claus hab vergut / Drummelschlager. Hans Sebald Beham, 1525-30

Lippl Hannenkam. 13.

Vnff ist dein schantz mein gut gesell/
Siben ist mein drumb eben zell.
Welche eh kumpt der zeuch die schantz/
Schaw Siben kumen also gantz/

Hab jmmer danck die schantz ist mein/
Es solt mir vnerleydet sein/
Ein andre Schantz zu schlagen auff/
Wir müssen bald eilendts zum hauff.

Gedruckt zu Wien in Osterreich/ durch Dauid de Necker Formschneider/
Mit Röm:Kay:Mt:rc.gnad vnd freyheit nit nachzudrucken.

II.13 Lippl Hannenkamm. Jörg Breu the Elder, 1525-30

II.14 Killian Obendrauff. Jörg Breu the Elder, 1525-30

II.15 Haine schlag in hauff / RotWeibel, Jörg Breu the Elder 1525-30

Florian Leschenbrandt. 16.

Ich scheuß zum Feind vñ wehr mich sein/   Ich bin allwegen vornen dran/
Vnd triff wol in hauffen hinein/   Was man mit den Feinden hebt an/
Dem Herren zeuch ich in das Feldt/   So bin ich dapffer mit meim Haackn/
Zu gwinnen gute Beit vnd Gelt/   Thu ein nach dem andren auff zwackn.

Gedruckt zu Wien in Osterreich/ durch Dauid de Necker Formschneider/
Mit Röm:Kay:Mt:c. gnad vnd freyheit nit nachzudrucken.

II.16 Florian Leschenbrandt, Christoph Amberger, 1520-30

II.17 Stoffel Mittendrien, Jörg Breu the Younger, 1525-30

II.18 Herman Niemants gsell, Jörg Breu the Younger, 1525-30, 1520-30

II.19 Bartl zalt micht vil, Jörg Breu the Elder 1525-30

Jäckel friß umb sonst. 20.

Ich muß widrumb laden mein gschoß/
Das ich vor dem Feind nit steh bloß/
Dann wenn man lärmen schlegt muß ich/
Voren hinan da braucht man mich/

Mein Sold muß ich verdien vilfach/
In Zug/ Angriff/ und der Schildtwach/
Wag leib und leben nacht und tag/
Gantz dapffer ich kein mal verzag.

Gedruckt zu Wien in Osterreich/ durch Dauid de Necker Formschneider/
Mit Röm: Kay: Mt: etc. gnad und freyheit nit nachzudrucken.

II.20 Jäckel srißumb sost. Hans Burgkmair the Elder 1525-30

II.21 Fritz Rürenschlundt, Jörg Breu the Younger, 1525-30

II.22 Caspar spring in de Zech, Jörg Breu the Younger, 1525-30

II.23 Merten Liederlich, Erhard Schön, 1525-30

II.24 Haintz Stigl hupffer, Jörg Breu the Younger, 1525-30

II.25 Jeronyme Seltenfro, Jörg Breu the Younger, 1525-30

II.26 Augustin Wagenhals, Hans Burgkmair the Elder, 1520-30

II.27 Bartl Unerzagt, Jörg Breu the Elder 1525-30

Lorentz Sauberrauß. 28.

Auß Krabaten kom ich gelauffen/
Von dem gwaltigen hellen hauffen/
Da wir den Türcken han geschlagn/
Theten groß ehr vnd preiß erjagn/

Winter vnd Summer gilt mir gleich/
Ich wir arm vnd widerumb reich/
Mein Schlachtschwert für ich also scharff/
Ich dien eim Herren der mein darff.

Gedruckt zu Wien in Osterreich/ durch Dauid de Necker Formschneider/
Mit Röm:Kay:Mt:xc.gnad vnd freyheit nit nachzudrucken.

II.28 Lorentz Sauberrauß, Jörg Breu the Younger, 1520-30

II.29 Sebold Widerfueg, Jörg Breu the Elder, 1525-30

Christl on sorg. 30.

Aß Niderland da kom ich her/
Vnd bring mit mir vil seltzam mer/
Der Printz von Oranien hat/
Die Spänisch Künigkliche gnad/
Etlich mal geschlagen im Feldt/
Doch gibt man vns gar selten Gelt/
Ich wil ein andren Herrn suchen/
Wil disem Land weder beten noch fluchen.

Gedruckt zu Wien in Osterreich / durch Dauid de Necker Formschneider/
Mit Röm: Kay: Mt: ec. gnad vnd freyheit nit nachzudrucken.

II.30 Christl on sorg, Jörg Breu the Younger, 1525-30

II.31 Nickel Schwinderlein by Hans Burgkmair, 1520-30

Cuntz Obennauß. 32.

Ich bin noch jung laß mich nit buchen/
Ich muß auch Kriegß brauch versuchen/
Muß lauffen in das Wälsche land/
Das mir die Stett werden bekandt/

Gret mir der Zug mit glück dißmals/
So wag ich weiter dran mein hals/
Mit dem Schlachtschwert bin ich bereit/
Das man mir dopl solt drauff geit.

Gedruckt zu Wien in Osterreich/ durch Dauid de Necker Formschneider/
Mit Röm:Kay:Mt:rc.gnad vnd freyheit nit nachzudrucken.

II.32 Cuntz Obennauß, Jörg Breu the Younger, 1525-30

II.33 Paul Guterding, by Hans Burgkmair the Elder, 1520-30

Liendl alle tag. 34.

Ich kumb daher auß Sachsen land/
Darinn bin ich gar wol bekandt/
Bin so lang gesessen beim Bier/
Het zwar mich versaumet gar schier/

Hör sagen in Schwaben herumb/
Hab man vñ Landsknecht gschlagen vmb/
Han mich kaum gerüst warlich da/
Das ich mit zug nach Genua.

Gedruckt zu Wien in Osterreich/ durch David de Necker Formschneider/
Mit Röm: Kay: Mt: 2c. gnad vnd freyheit nit nachzudrucken.

II.34 Liendl alle tag, Hans Sebald Beham, 1525-30

Symon Clappermaul. 35.

Ich hab doppel folt auff mein leib/   Ich bin ein Doppenſöldner frey/
   Darumb ich nit dahinden bleib/   In meim Harniſch trit ich herben.
Muß vornen dran koſt was es wöl/   Schwing mein Spieß tapffer wie ein Mañ/
   Drumb ich mich wider den Feind ſtell/   Den Feind darmit erheben kan.

Gedruckt zu Wien in Oſterreich/ durch Dauid de Necker Formſchneider/
Mit Röm:Kay:Mt:ꝛc. gnad vnd freyheit nit nachzudrucken.

II.35 Symon Clappermaul, Jörg Breu the Elder 1525-30

II.36 Fabian Ruckherzu, Hans Sebald Beham

Hans Allweg dran. 37.

Hertzog Hansen ich dienet han/
Zu Thorgen bin ich gnomen an/
Das Feldzeichen trag ich ist gel/
Weiß Wolffs angel sicht man drinn hell/

Vor Ingolstat lag ich im Feld/
Wir zogen ab mit wenig Gelt/
Vor Mülberg wurden gschlagen wir/
Da war ich auch vmbkomen schier.

Gedruckt zu Wien in Osterreich / durch Dauid de Necker Formschneider/
Mit Röm:Kay:Mt:ıc.gnad vnd freyheit nit nachzudrucken.

II.37 Hans Allweg dran, Hans Burgkmair the Elder, 1520-30

Uli suchen trunck. 38.

Ich sieh auch da wie ein Soldat/
Dann man mich schon gemustert hat/
Wart den bescheidt dem kumen nach/
Wie der Artickels brieff vermag/

Zum Fendlein schwer ich auff mein eid/
So uns der obrist allen hie für geit/
Der Herr der mir gibt mein bsoldts gelt/
Dem zeuch ich drumb durch die gantz welt.

Gedruckt zu Wien in Osterreich / durch Dauid de Necker Formschneider/
Mit Röm:Kay:Mt:rc.gnad vnd freyheit nit nachzudrucken.

II.38 Uli suchen trunck, Hans Sebald Beham

II.39 Anthom Weinhertz, Jörg Breu the Elder, 1520-30

II.40 Rüpl ghab dich wol, Jörg Breu the Elder, 1520-30

II.41 Hans Seltenreich, Jörg Breu the Elder, 1520-30

II.42 Caspar Spar nichts, Jörg Breu the Elder, 1525-30

II.43 Urban Rebansafft, Jörg Breu the Younger, 1525-30

II.44 Theml laß nichs ligen, Jörg Breu the Elder, 1520-30

II.45 Eberlein trit herein, Jörg Breu the Elder, 1520-30

II.46 Bastl Naschauff, Jörg Breu the Younger, 1525-30

II.47 Mathes Thollerhut, Jörg Breu the Younger, 1525-30

II.48 Gylch Winttertroll, Jörg Breu the Younger, 1525-30

Stoffel allweg vol. 49.

ES geht ein frischer Sommer her/ Es sey im Wälsch oder Teutsch landt/
Da wirdt man hören newe mer/ Ein newes geschrey werdt vns bekandt/
Vom Türcken vnd ander frembdt sachen/ Solt es also bleiben lang stil/
Ich hoff der schimpff der werdt sich machen/ So gülten wir Landtsknecht nit vil.

Gedruckt zu Wien in Osterreich / durch Dauid de Necker Formschneider/
Mit Röm:Kay:Mt:rc.gnad vnd freyheit nit nachzudrucken.

II.49 Stoffel allweg vol, Jörg Breu the Younger, 1525-30

II.50 Ambrost Sorgloß, Jörg Breu the Elder, 1520-30

Part III
Kreigsbuch des Grafen Reinhart zu Solms

Reinhart Graf zu Solms, 1491-1562, was a military theorist and Imperial field marshal during the Schmalkaldic War of 1546-47. Starting in the 1530's, he published several books on military theory, tactics and fortification design. These 50 woodcuts come from his Kreigsbuch, or War Book, published in 1559. It was dedicated to Philip II, King of Spain and England (III.25), although Phillip had ceased being the King of England upon Mary I's death in 1558.

The woodcuts are in two sections: III.1-III.23 are depictions of Landsknecht during the early part of Graf Reinhard's career as a knight. III.24-III.50 depict the soldiers and officers of the Imperial forces which fought in the Schmalkaldic War.

The identity of Master HD is uncertain, but is thought to be either Hans Döring or Hieronymus Deckinger.

III.0   Grafen Reinhard zu Solms, Master MO, 1534

III.1   St. George on Horseback, Hans Burgkmair the Elder, 1508

III.2   Oberster feldt Hauptman, Peter Flötner, 1535

III.3   Hauptman, Erhard Schön, 1532

III.4   Landsknecht with mortar, Erhard Schön, 1525-1530

III.5   Landsknecht, Hans Schaufelein, 1520-30

III.6   Fähndrich, Standard-Bearer, Hans Schäufelein, 1515

III.7   Landsknecht, Hans Schäufelein, 1507

III.8   Three Musketeers, Hans Schäufelein, 1513

III.9   Two Landsknecht, Hans Schäufelein, 1515

III.10 Knight and Landsknecht, Joann Wechlin, 1518

III.11 Landsknecht, circa 1511, Unknown Master, from 1536 edition of Vegetius' De Re Militari

III.12 Landsknecht, Unknown Master. From the frontspiece of the 1529 edition of Vegetius' De Re Militari, printed in Augsburg by Stainer.

III.13 Landsknecht, Hans Burgkmair, 1510-20

III.14 Nobelman with the Imperial Sword and a Herald, Jörg Breu the Elder, 1530

III.15 Landsknecht Martin Wildeman, Master of the Miracle of Mariazell, 1520

III.16 Captain of the Landsknechts, Erhard Schön, 1535

III. 17 Two leaders and five musketeers, Erhard Schön, 1535

III.18 Five muskeeters and five pikeman, Erhard Schön, 1535

III.19 Ten Landsknechts, Erhard Schön, 1535

III.20 Five Landsknechts with Halbards, five with swords, Erhard Schön, 1535

III.21 Standard bearer and band, Erhard Schön, 1535

III.22 Five Landsknechts with Halbards, five with pikes, Erhard Schön, 1535

III.23 Three Landsknechts on horseback, Erhard Schön, 1535

III.24 Frontspiece to Kriegsbuche des Grafen Reinhart zu Solms, 1559

III.25 Philip II, King of Spain and England, 1556

III.26 Charles V, Oberster Kriegsherr, Monogramist HD, 1546

III.29 Oberster Feldhauptmann, Monogramist HD, 1545

III.30 Feldmarschalck, Monogramist HD, 1545

III.31 Oberster Zeugmeister Monogramist HD, 1545

III.32 Oberster Leutenant, Monogramist HD, 1545

III.33 Oberst uber alle Prouvsen, Monogramist HD, 1546

III.34 Oberst Prvuiantherr, Monogramist HD, 1545

III.35 Oberster uber alle Reutter, Monogramist HD, 1545

III.36 Wagenburgmeister, Monogramist HD, 1545

III.37 Reuter Wachtmeister, Monogramist HD, 1545

III.38 Wagenmeister, Monogramist HD, 1546

III.39 Reutter quartiermeister, Monogramist HD, 1545

III.40 Reuter Hauptman, Monogramist HD, 1545

III.41 Oberster uber das Fuszvolck, Monogramist HD, 1546

III.42 Oberster Provosz, Monogramist HD, 1546

III.43 Lantskneckt Hauptman, Monogramist HD, 1545

III.44 Fendrich, Monogramist HD, 1546

III.45 Knecht quartiermeister, Monogramist HD, 1546

III.46 Knecht Wachtmeister, Monogramist HD, 1546

III.47 Knecht Feldweibel, Monogramist HD, 1545

III.48 Fürer, Monogramist HD, 1546

III.49 Hurnweibel, Monogramist HD, 1546

III.50 Scharpffrichter, Monogramist HD, 1546

III.0 Grafen Reinhard zu Solms, Master MO, 1534

III.1 St. George on Horseback, Hans Burgkmair the Elder, 1508

III.2 Oberster feldt Hauptman, Peter Flötner, 1535

III.3 Hauptman, Erhard Schön, 1532

III.4 Landsknecht with mortar, Erhard Schön, 1525-1530

III.5 Landsknecht, Hans Schaufelein, 1520-30

III.6 Fähndrich, Standard-Bearer, Hans Schäufelein, 1515

III.7 Landsknecht, Hans Schäufelein, 1507

III.8 Three Musketeers, Hans Schäufelein, 1513

III.9 Two Landsknecht, Hans Schäufelein, 1515

III.10 Knight and Landsknecht, Joann Wechlin, 1518

III.11 Landsknecht, circa 1511, Unknown Master, from 1536 edition of Vegetius' De Re Militari

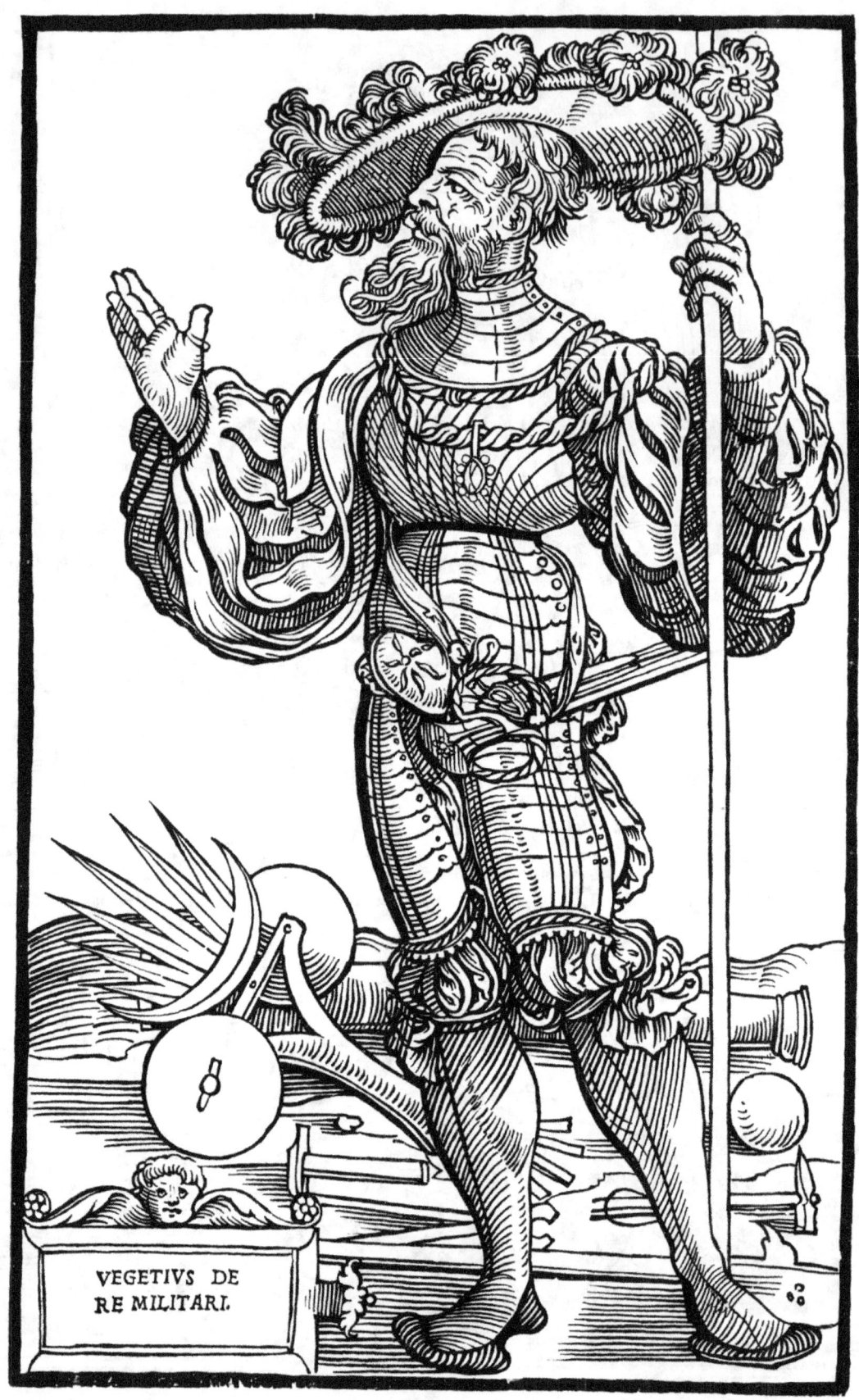

III.12 Landsknecht, Unknown Master. From the frontspiece of the 1529 edition of Vegetius' De Re Militari, printed in Augsburg by Stainer.

III.13 Landsknecht, Hans Burgkmair, 1510-20

III.14 Nobelman with the Imperial Sword and a Herald, Jörg Breu the Elder, 1530

III.15 Landsknecht Martin Wildeman, Master of the Miracle of Mariazell, 1520

III.16 Captain of the Landsknechts, Erhard Schön, 1535

III. 17 Two leaders and five musketeers, Erhard Schön, 1535

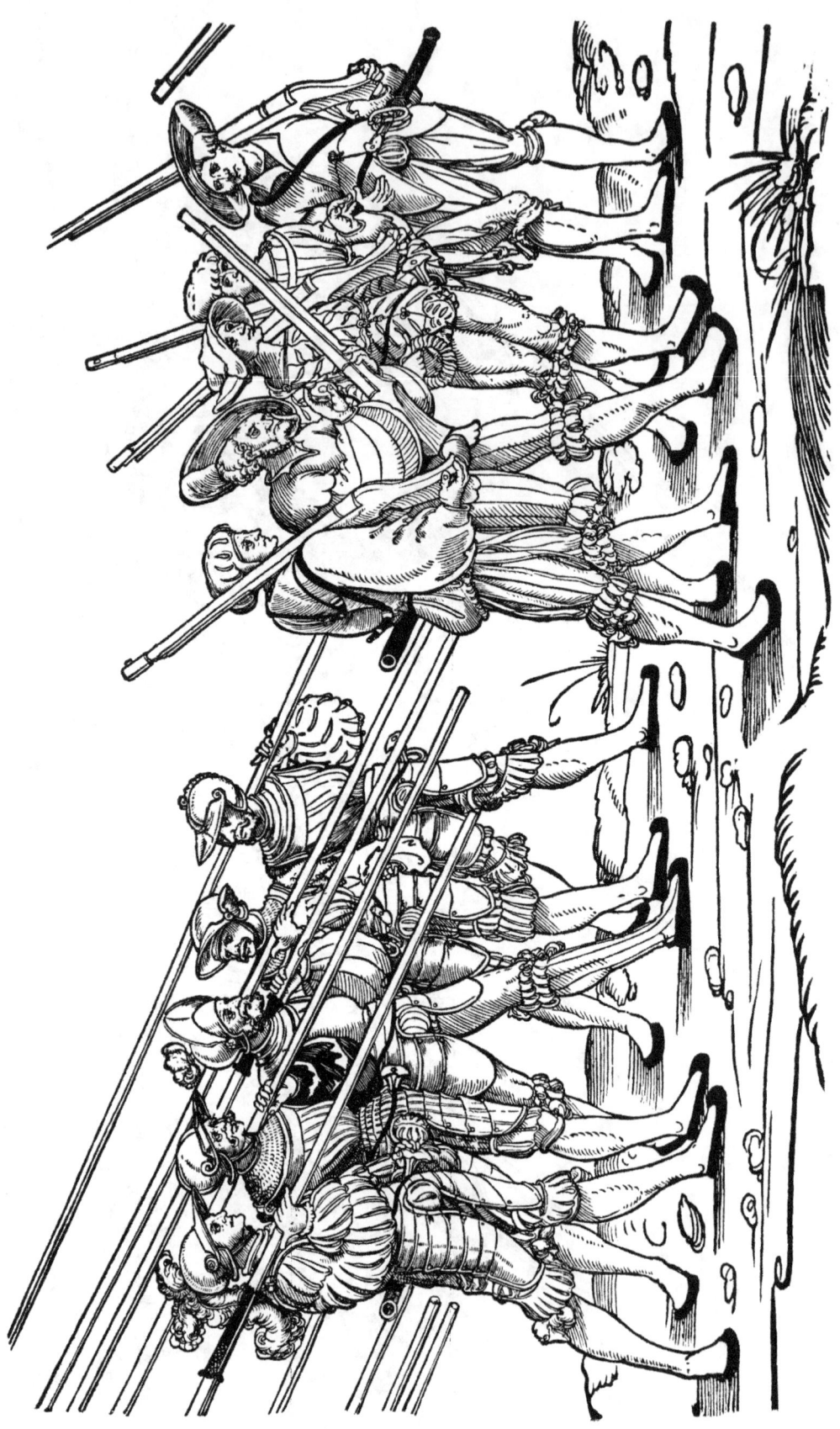

III.18 Five muskeeters and five pikeman, Erhard Schön, 1535

III.19 Ten Landsknechts, Erhard Schön, 1535

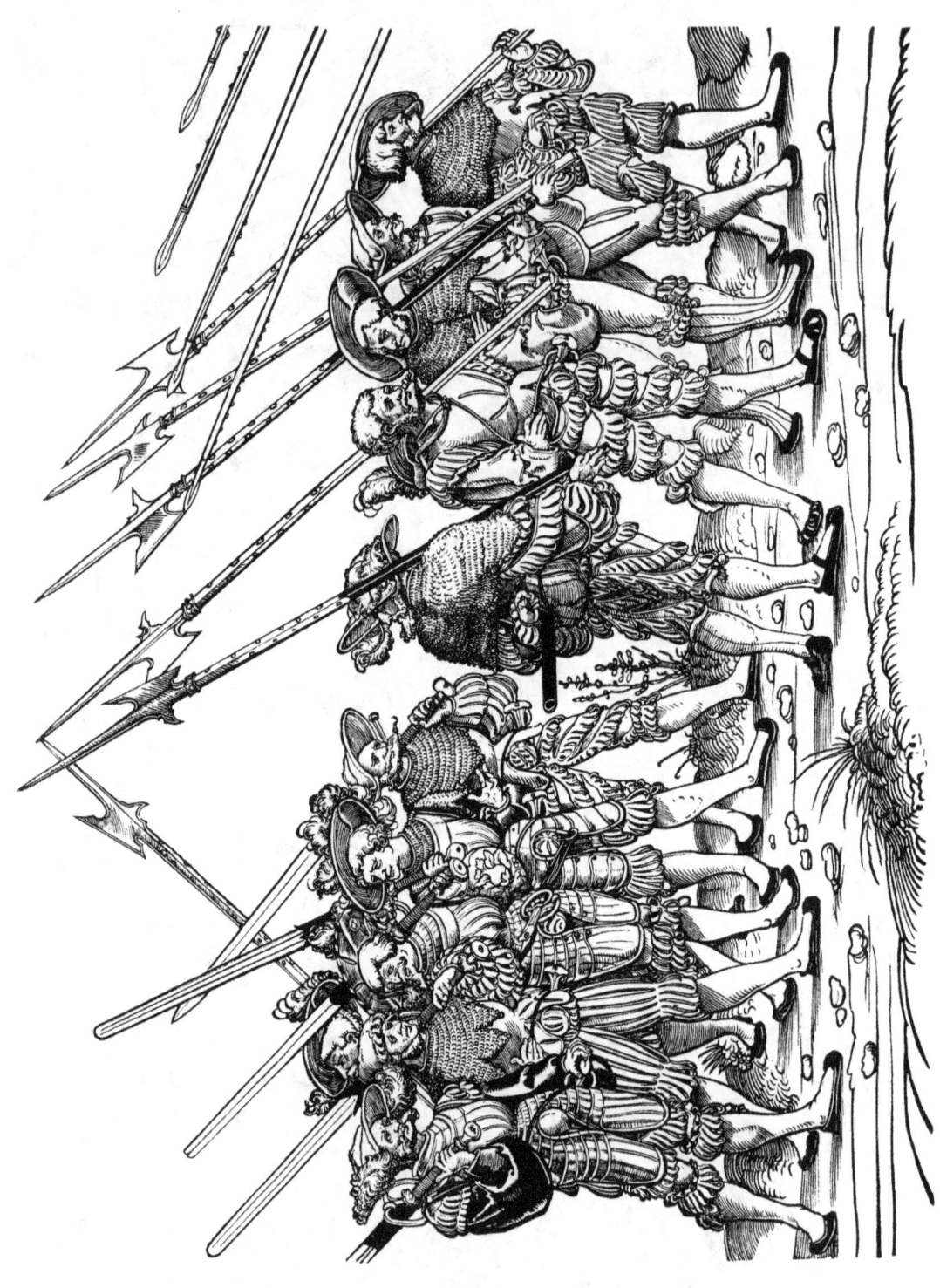

III.20 Five Landsknechts with Halbards, five with swords, Erhard Schön, 1535

III.21 Standard bearer and band, Erhard Schön, 1535

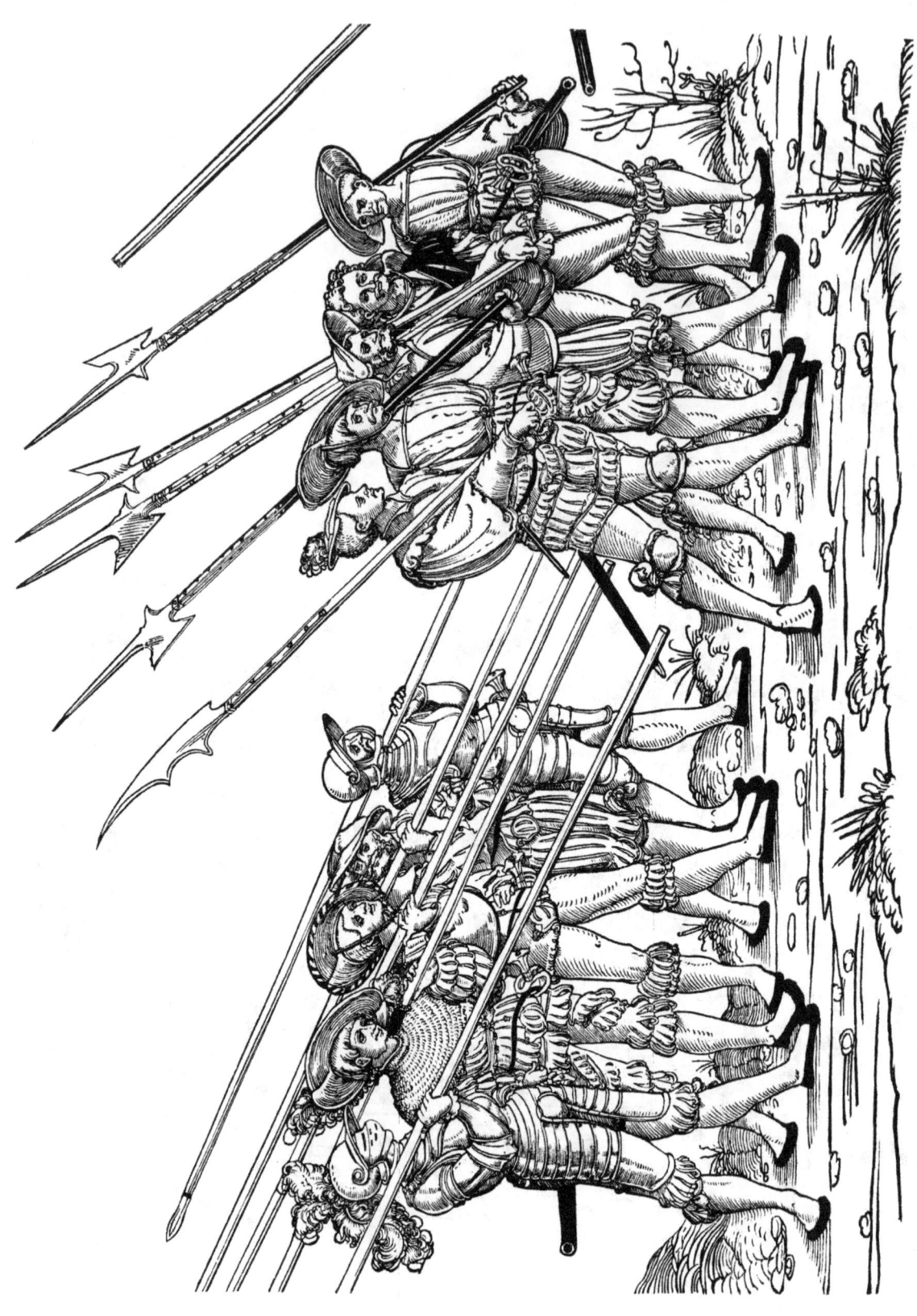

III.22 Five Landsknechts with Halbards, five with pikes, Erhard Schön, 1535

III.23 Three Landsknechts on horseback, Erhard Schön, 1535

III.24 Frontspiece to Kriegsbuch des Grafen Reinhart zu Solms, 1559

III.25 Philip II, King of Spain and England, 1556

III.26 Charles V, Oberster Kriegsherr, Monogramist HD, 1546

III.27 & III.28 Kriegsgrath, Monogramist HD, 1546

III.29 Oberster Feldhauptmann, Monogramist HD, 1545

III.30 Feldmarschalck, Monogramist HD, 1545

III.31 Oberster Zeugmeister Monogramist HD, 1545

III.32 Oberster Leutenant, Monogramist HD, 1545

III.33 Oberst uber alle Prouvsen, Monogramist HD, 1546

III.34 Oberst Prvuiantherr, Monogramist HD, 1545

III.35 Oberster uber alle Reutter, Monogramist HD, 1545

III.36 Wagenburgmeister, Monogramist HD, 1545

III.37 Reuter Wachtmeister, Monogramist HD, 1545

III.38 Wagenmeister, Monogramist HD, 1546

III.39 Reutter quartiermeister, Monogramist HD, 1545

III.40 Reuter Hauptman, Monogramist HD, 1545

III.41 Oberster uber das Fuszvolck, Monogramist HD, 1546

III.42 Oberster Provosz, Monogramist HD, 1546

III.43 Lantskneckt Hauptman, Monogramist HD, 1545

Ill.44 Fendrich, Monogramist HD, 1546

III.45 Knecht quartiermeister, Monogramist HD, 1546

III.46 Knecht Wachtmeister, Monogramist HD, 1546

III.47 Knecht Feldweibel, Monogramist HD, 1545

III.48 Fürer, Monogramist HD, 1546

III.49 Hurnweibel, Monogramist HD, 1546

III.50 Scharpffrichter, Monogramist HD, 1546

Appendix
1883 German Introduction by Jacob von Falke.

Röm. kaiserl. Majestät Kriegsvölker im Zeitalter der Landsknechte.

Vorwort des Herausgebers.

ls man zählte 1867 nach Christi Geburt, wurden zu Budapest Ihre apostolischen Majestäten, Franz Josef I. und Elisabeth, unter dem Jubel der Bevölkerung, feierlich gekrönt. Zu diesem Anlasse suchte jeder der dabei Betheiligten sich die besten und historisch richtigsten Ausrüstungen zu verschaffen. In dieser Lage war auch ich, und obwohl mir ziemlich reiches Material in meinen Familiensammlungen zu Gebote stand, war ich doch beiweitem nicht zufriedengestellt. Ich suchte bei allen mir bekannten Forschern; schliesslich wies man mich an den FZM. v. Hauslab als den Besitzer der reichsten culturhistorischen Bibliothek in Oesterreich, ja höchst wahrscheinlich in der Welt. Mit der liebenswürdigen Weise eines echten Gelehrten stellte mir dieser alle seine Schätze zur Verfügung, machte mich auf alle jene, zu meinem Zwecke passenden, herrlichen Objecte der k. k. Hofsammlungen aufmerksam, die mir sonst in der grossen Menge entgangen wären, und half mir so auf das Erfolgreichste, Alles einheitlich zusammenzustellen. Bei dieser Arbeit fiel es mir auf, wie schwierig, mühevoll und zeitraubend es für alle Künstler und Forscher dieser Richtung ist, sich gutes culturhistorisches Material zu verschaffen, trotz der Munificenz, mit der die k. k. Hofsammlungen jedermann geöffnet sind. In Folge dessen kam mir der Gedanke, die mir nun bekannten Quellen benützend, ein brauchbares Werk über Costumekunde, und zwar damals naheliegend, zuerst über ungarische Trachten, soweit selbe aus gleichzeitigen Handzeichnungen, Holzschnitten, Kupferstichen, kurz Abbildungen jeder Art vorhanden sind, zu veröffentlichen. Als ich diesen Entschluss Herrn v. Hauslab mittheilte, war selber sehr erfreut und bewies mir durch Vorzeigung eines dicken Bandes von ihm selbst nach den seltensten Werken gezeichneter Pausen, dass er schon längst an die Herausgabe eines solchen Werkes gedacht hatte. Wir verhandelten nun mit mehreren Verlegern, scheiterten jedoch an den viel zu hohen Forderungen derselben, da der Preis eines Exemplars dadurch für minder Bemittelte geradezu unerschwinglich geworden wäre. Die Sache ruhte nun gänzlich, bis bei Gelegenheit des Festzuges der Stadt Wien mir wieder die enormen Schwierigkeiten auffielen, die sich den damit beschäftigten Künstlern entgegenthürmten. Ich beschloss nun neuerdings daran zu gehen, und zwar jetzt mit den Trachten des kaiserlichen Heeres in der Zeit von 1500 bis 1550, welche Periode einen ziemlich getrennten Abschnitt der Mode bildet, und über welche nur sehr spärliches und beinahe unerschwinglich seltenes Material vorhanden ist. FZM. v. Hauslab stellte nicht allein mit derselben Bereitwilligkeit wie früher seine Bibliothek zur Verfügung, sondern half auch mit Rath und That in jeder Richtung. Einer meiner Beamten, Herr Johann Schratt (Sohn des weiland bekannten Antiquarbuchhändlers), der eine ausserordentliche Fertigkeit in der Nachbildung alter Holzschnitte besitzt, zeichnete jene, welche, weil bemalt, sich nicht für photographische Vervielfältigung eigneten; das k. k. militär-geographische Institut übernahm den Druck, sowohl der Pausen als der Photolithographien. Es fehlte nur der für die Sache selbst sich interessirende fachmännische Commissionär und ein geeigneter Textator. Doch die verschiedenen Verhandlungen führten zu keinem Resultat, und ich wollte schon die ganze Auflage auf 100 Exemplare beschränken, da fand ich als ersteren den Kunsthändler Herrn Wawra, der sich, jedes pecuniäre Interesse ausseracht lassend, vielfach um das Werk bemühte und der mir auch die in diesem Fache besonders erprobte Feder des Herrn von Falke für den begleitenden Text gewann.

Nun hoffe ich, da alle Schwierigkeiten überwunden sind, der gesammten Kunst- und Forscherwelt ein ebenso billiges als brauchbares Material zugänglich gemacht zu haben, das ich als einen Beitrag zur Culturgeschichte unseres Reiches dem erlauchten Förderer aller Wissenschaften, Seiner kaiserlichen Hoheit dem Kronprinzen Rudolf von Oesterreich, widme. Schliesslich bitte ich um eine nachsichtige Beurtheilung meines Strebens.

Graf Breunner-Enkevoërth.

I.

Vom Kriegswesen am Ausgange des Mittelalters und von der Entstehung der Landsknechte.

on den grossen Veränderungen des Kriegswesens am Ende des Mittelalters und im Beginn unserer neuen Zeit hat wohl die Militärgeschichte zu erzählen gewusst, wenig aber hat die allgemeine Culturgeschichte von ihr Notiz genommen; höchstens hat sie die Resultate verzeichnet oder die merkwürdigste Erscheinung jener Zeit, die Landsknechte, herausgegriffen und eingehender geschildert, und auch das nicht, ohne ungelöste Fragen zu hinterlassen.

Und doch sind diese Veränderungen nur ein Zweig und ein gleichberechtigter Zweig jenes staatlichen, culturellen, geistigen Umschwunges, jener Umwandlungen, die wir als Renaissance oder Reformation oder wie immer sonst bezeichnen mögen. Sie stellen sich den Wandlungen der Kunst, der Literatur, der Humanität, der Wissenschaften, des religiösen Denkens zur Seite, ja stehen mit ihnen mannigfach im innigsten Zusammenhang. Ohne den Sturz des Ritterthums kein Fussvolk, ohne die neue Technik keine Artillerie, ohne das Aufleben der humanistischen Studien keine Militärwissenschaft.

Aber wie alle jene Zweige der Cultur oder des culturellen Lebens nicht auf einmal, nicht plötzlich mit dem Jahre 1500 in das Leben gesprungen sind, wie sie Jahrzehnte lang alle ein Vorleben haben, das sich in seinen Wurzeln selbst zwei Jahrhunderte zurückführen lässt, so hat auch der Umschwung des Kriegswesens seine Vorgeschichte, die uns bis tief in das vierzehnte Jahrhundert zurückleitet.

Bei den classischen Völkern des Alterthums hatte die hochausgebildete Kriegskunst auf dem Fussvolke beruht. Die schwerbewaffneten Fusssoldaten der Griechen, die Phalanx der Makedonier hatten das persische Reich zertrümmert und Asien erobert; die Taktik der römischen Legionen hatte Schlacht und Krieg entschieden, hatte das Römerreich gegründet und ein volles Jahrtausend aufrecht erhalten.

Anders im Mittelalter. In den Stürmen der Völkerwanderung war die Kunst oder die Wissenschaft des Krieges, wie wir sagen wollen, zu Grunde gegangen; sie blieb vergessen und lag höchstens aufbewahrt für eine ferne Zukunft in bestaubten, ungeschätzten Manuscripten. Die Kraft war an die Stelle der Kunst getreten, der Einzelne an die Stelle des taktischen Gliedes, der Haufe, die Masse an die Stelle der Armee, d. h. des wohlgegliederten, wohlgefügten und mit höherer Intelligenz geführten Heeres.

In den neuen nordalpinischen Reichen hatte sich das Ritterthum gebildet, das den Krieg für sich allein in Anspruch nahm, wenigstens diesen Anspruch erhob. Der Ritter zog zwar nicht allein in den Krieg; er hatte ein militärisches Gefolge von Bewaffneten mit sich, von zwei oder dreien oder von vielen, je nachdem er arm oder reich war. Aber in der Schlacht stand er allein im ersten Glied, focht, wenn möglich, sie allein aus, und nahm mindestens alle Ehre für sich allein. Sein bewaffnetes Gefolge stand rückwärts im zweiten und dritten Glied und trat ein, wenn es Noth galt.

Sie alle fochten zu Pferde, wenn nicht die Umstände, wie die Hindernisse des Bodens, gerade zum Absitzen zwangen. Der Krieg war ein Reiterkrieg geworden, in welchem nicht mehr Beweglichkeit und Geschicklichkeit, nicht Taktik und Leitung, sondern die persönliche Kraft entschied; grosse Feldherren im Sinne der alten und der neuen kennt das Mittelalter nicht. Der Krieg war ein Reiterkrieg geworden, aber nicht in dem Sinne, wie die asiatischen Reiter den Krieg führten, die, kommend und gehend, verfolgend und fliehend, mit der Schnelligkeit ihrer Bewegung den Gegner ermüden, verwirren und endlich erliegen machen.

Der Ritter war vielmehr auf den Einzelkampf bedacht und eingerichtet. Er suchte den persönlichen Kampf und die persönliche Ehre. Mit dem Stoss der Lanze, mit Schwert und Axt focht er Mann gegen Mann. Zu solchem Einzelkampfe nun hatte er seine Schutzwaffen von Jahrhundert zu Jahrhundert immer stärker gemacht. Er hatte das mit Ringen besetzte Wamms und den Schuppenpanzer mit dem geflochtenen Ringpanzer, dem Kettenhemd, vertauscht und dieses nach und nach immer vollkommener und immer dichter und geschlossener mit Stahlschienen und Stahlplatten belegt, bis daraus die volle Plattenrüstung, der Krebs, geworden war. Und nicht zufrieden damit, sich selber also einzuhüllen, sich selber gegen Stoss, Hieb und Schuss zu sichern, hatte er in gleicher Weise auch sein Schlachtross bedeckt.

So hatte er freilich an persönlicher Sicherheit gewonnen, aber er war auch sammt seinem Pferde zu einer schwerfälligen, unbeweglichen Masse geworden, die überall, auf dem Marsche wie im Gefechte, an die Grenze ihrer Brauchbarkeit stiess. Was er an Sicherheit gewonnen, hatte er an Kriegstüchtigkeit eingebüsst, und je schwerer er selbst geworden, je mehr musste nun andererseits das bewegliche Element wieder zu seinem Rechte gelangen und in den Vordergrund der Geschichte treten. Als der Ritter äusserlich in seiner Kriegsrüstung vollkommen fertig war, da hatte er sich auch bereits mit derselben überlebt. Die Zeit des Fussvolks war wieder gekommen.

Alle grossen Schlachten des vierzehnten und fünfzehnten Jahrhunderts sind Beweise dafür. Schon 1302 war bei Kortryk die französische Ritterschaft dem flamländischen Volksheere völlig erlegen. Die drei grossen Siege, welche die Engländer in ihrem hundertjährigen Kriege wider die Franzosen erfochten, die Siege von Crécy (1346), von Poitiers (1356) und von Azincourt (1415). Siege, so vollständig und entscheidend wie kaum andere dieser beiden Jahrhunderte, verdanken sie ihrem Fussvolk, den Bogenschützen, oder den abgesessenen, zu Fuss kämpfenden Rittern.

So siegte das Schweizer Fussvolk bei Morgarten (1315) und Sempach (1386) gegen die zehnfache Ueberzahl der gepanzerten Ritter, die verloren waren, als einmal der starrende Lanzenwall durchbrochen war und die Schweizer mit ihren kurzen und schweren Waffen mitten unter ihnen sich befanden.

Die Ritter, so sehr sie das Fussvolk als von niederer Herkunft zu verachten pflegten, konnten sich doch der Anerkennung seiner Bedeutung nicht entziehen, und so geschah es nicht selten, dass sie selbst vom Pferde stiegen und zu Fuss kämpften. Dabei war ihnen freilich die schwere Rüstung doppelt hinderlich, und nicht minder wurde ihnen die lange Lanze unbrauchbar oder gereichte ihnen gar zum Verderben, wie bei Sempach, wo sie in enger Thalschlucht den Fusskampf versucht hatten.

Aber die mittelalterliche Kriegführung hatte sich noch in einer anderen Weise überlebt, und das vor allem in den Augen der Kriegsherren selber. Das Heer der grossen Feudalstaaten, also insbesondere auch das französische und das deutsche, hatte aus dem Aufgebot des Landes bestanden, aus den Fürsten, Grafen und Herren, die persönlich kamen, jeder mit seinem Gefolge, in „Lanzen" oder „Gleven" abgetheilt, und diese in „Compagnien" oder „Fähnlein" geordnet, und ferner aus den ausgehobenen Milizen der Städte und der Landschaft, welche je nach der Matrikel den so und sovielten Mann zu stellen hatten, während die „Herren" oder Bannerherren persönlich kommen mussten. Aber sie kamen nicht immer auf den Ruf, oder sie kamen langsam, zu spät, und sie hatten und machten ihre Bedingungen. Im vielgestaltigen Deutschland gingen immer Verhandlungen voraus, im Grossen wie im Kleinen. Die Fürsten wollten nicht ausser Landes, die Milizen, das Landesaufgebot, nicht ausser ihrer Markung, wenigstens nicht ausser ihrer Provinz. Zur Vertheidigung des Nächsten, der Stadt, der Heimat, waren sie freilich alle verpflichtet. Jeder Bürger, jung und alt, übte sich in den Waffen und musste auf die Mauer eilen, wenn sie bedroht war. Aber ausserhalb derselben kam der Städter selten, und wenn sein Fähnlein zum kaiserlichen oder königlichen Heere stiess, war es zum grossen Kriege gar nicht zu gebrauchen.

Dieser Uebelstand machte sich in den deutschen Landen wie in Frankreich in gleicher Weise fühlbar, mehr aber noch in letzterem Lande, welches der grosse englische Krieg mehr denn einmal an den Rand des Abgrundes gebracht hatte. Es machte sich unabweisbar das Bedürfniss einer stehenden Armee geltend, zunächst wenigstens eines Kernes derselben, welcher stets zur Hand war, und an welches sich das Landesheer als sein Muster anlehnen konnte.

Aus diesem wohlerkannten Bedürfniss schuf nun Karl VII. die fünfzehn Ordonnanzcompagnien der Hommes d'armes, welche, je 600 Mann stark, eine wohlgeübte, stehende Truppe von 9000 Berufsoldaten bildeten. Aber es waren Reiter, nicht Fussgänger, je hundert schwergerüstete in der Compagnie mit drei Bogenschützen, einem Pagen, einem Knappen oder Diener (valet), einem Stallmeister (écuyer), alle zu Pferde, welche zusammen die „Lanze" bildeten. Es war also vollkommen die ritterliche Einrichtung geblieben, wie denn auch der schwergerüstete „maître" ein Ritter war, nur war die Truppe stehend, auserwählt oder angeworben, besoldet und jeden Augenblick zu jedem Dienste bereit.

Auch so bewährte sich die Einrichtung in mannigfacher Weise gegenüber dem Aufgebot der Ritterschaft und der Landmiliz. Sie war die Stütze König Ludwigs XI. Karl der Kühne von Burgund ahmte sie nach und machte seine zehn Compagnien zum Kerne seines grossen Heeres. Auch Kaiser Maximilian, der bei den ererbten Uebelständen des Reiches und seiner eigenen Länder noch schlimmer daran war als der König von Frankreich, versuchte wenigstens in seinen Erblanden eine ähnliche Einrichtung zu treffen.

Niemand hatte klarer die Misère des Reiches in militärischen Dingen erkannt als der ritterliche und kriegserfahrene Kaiser, aber es war eine Unmöglichkeit, diese Dinge total umzuschaffen. Er konnte sie nur ordnen — oder war wenigstens bemüht, es zu thun, — er konnte sie allenfalls sichern, feststellen, dass Jeder zu seiner Zeit das Seine thue. Aber dieses Seine ging nicht weit. Das ganze Aufgebot wurde matrikelmässig festgestellt, die Sammelplätze bestimmt, die Ritter, welche kamen, oder die Dienstleute, welche zu stellen waren, wurden eingetheilt in „Gleven", welche etwa der französischen „Lanze" entsprachen, die Gleven zu Fähnlein zusammengefügt und ihnen Hauptleute gestellt. Aber all' das geschah doch nur zur Vertheidigung, und der drohende Augenblick erst setzte es in Wirksamkeit. Es war schon viel, dass Maximilian endlich die gegenseitige Vertheidigung seiner Erblande mit den widerstrebenden Ständen durchsetzte.

Es musste neben diesen alten Einrichtungen völlig Neues geschaffen werden, wollte der Kaiser eine Armee zur Verfügung haben, die seinen Plänen folgte oder dem neuen Kriegswesen gegenüber leistungsfähig war. Denn nunmehr war nicht blos mit der Artillerie und der Handfeuerwaffe, die lange von den Kriegsleuten verachtet worden war, ein neues Element von höchster Bedeutung zur Geltung gekommen; die italienischen Bandenführer, die Condottieri, hatten wiederum den Krieg wissenschaftlich zu betreiben angefangen und hatten die Manövrirfähigkeit an die Spitze der Kriegskunst gestellt. Sie hatten es zwar vorzugsweise mit Reitern gethan, nicht mit dem Fussvolk, aber man machte wieder Pläne, künstliche Ordnungen, schnellen Wechsel aus der Marsch- in die Schlachtordnung und umgekehrt, und suchte den Gegner mehr durch Schnelligkeit der Bewegung und unverhofftes Erscheinen zu bedrängen und zu überwinden, denn durch die blutige Entscheidung der Schlacht.

Maximilian versuchte es nun, dem Beispiele seines Schwiegervaters Karls des Kühnen folgend, sich stehende Reitergeschwader zu errichten. Es waren nur vier Fähnlein, die er zuerst in Oesterreich 1498 anwarb, jedes Fähnlein aus fünfundzwanzig Lanzen bestehend, jede Lanze aus einem adligen „Kürisser", d. h. voll Geharnischten, mit sieben Begleitern für seine Person und einer Anzahl verschiedener Waffengattungen, darunter Büchsenschützen und Speerträger, so dass die vier Fähnlein zusammen mit den Officieren aus 1828 Köpfen bestanden, von denen aber nur 1620 wirkliche Combattanten waren. Es war der Anfang der späteren Reiterregimenter, aber im Wesentlichen keine andere Einrichtung als sie auf Grundlage des alten ritterlichen Kriegsdienstes in Frankreich zuerst geschaffen worden. Der Adelige und der Reiter blieben die Hauptsache.

Ebenso suchte Maximilian, trotz des ewigen Geldmangels, die immer noch neue Waffe (in der Anwendung wenigstens), die Artillerie, zu heben, die erst zu seiner Zeit und mit ihm zur Entscheidung mitzuwirken begann. Er selbst war ein Sinner und Denker in diesen Dingen. Aber er sann nicht blos auf die Verbesserung der Waffe, sondern auch auf die der Bedienung und stellte sie bleibend unter einem Geschützmeister an, der in Krieg und Frieden die Aufsicht über das ganze Geschützwesen hatte.

Aber der Nachdruck ist auf das zu legen, was Kaiser Max für das Fussvolk that, auf dasjenige, was für seine Schöpfung gilt, die Landsknechte.

Wie jedes, was neu in der Geschichte auftritt oder neu aufzutreten scheint, so haben auch die Landsknechte ihre Vorgeschichte. Will man sie lediglich als einen Haufen geworbener Söldner betrachten, der aber zu Fuss diente, so datirt ihre Entstehung durchaus nicht erst aus der Zeit des Kaisers Maximilian. Söldner, welche aus dem Kriege Beruf machten, hatte das vierzehnte Jahrhundert schon in reichlichem Masse gekannt; die französischen Compagnien hatten aus keinem anderen Material bestanden, wenn auch ihre Schwerbewaffneten adeliger Herkunft gewesen. So auch die Compagnien der burgundischen Herzoge und ebenso die Söldner, mit welchen die italienischen Condottieri die Kriege der Städte und Republiken führten.

Diese alle waren zwar Reiter, aber neben ihnen, zumal im fünfzehnten Jahrhundert, hatte sich auch ein Söldnerfussvolk gebildet, das allen Herren diente, wer sie warb und zahlte. Die vornehmsten und gesuchtesten unter ihnen waren die Schweizer, welche schon im vierzehnten Jahrhundert die Kraft und Bedeutung des Fussvolkes erprobt hatten und im fünfzehnten damit das letzte grosse Ritterheer Karls des Kühnen besiegten und die burgundische Macht zertrümmerten. Im Lande selber für den Krieg wohl eingerichtet und wohl geübt, suchten sie kriegerische Beschäftigung ausserhalb desselben, dienten den italienischen Fürsten, vor allen aber den Königen Frankreichs. Sie waren es vorzugsweise, welche neben den Ordonnanzcompagnien Ludwig den XI. zum wirklichen und gebietenden Herrn seines Landes machten.

War es Nachahmung, war es das Bedürfniss der Zeit, ähnliche Söldner wie die Schweizer, ähnlich geworbene Fussknechte gab es während des ganzen fünfzehnten Jahrhunderts auch in Deutschland und anderswo. Sie dienten dem Kaiser Friedrich in Oesterreich, sie dienten in Frankreich und in den Niederlanden, gegen Türken und Hussiten, sie dienten den Fürsten und den Städten. Aber dieses deutsche Söldnerwesen war weitaus minder geordnet und geregelt als das der Schweizer, denen die Deutschen nur darin glichen, dass sie rebellirten, wenn ihnen der Sold nicht gezahlt wurde. Es war ein wildes, wüstes Volk, das, wenn es an Kriegsherren fehlte, sich selber zu Banden sammelte, seine Führer wählte, Krieg und Kriegsverhandlungen auf eigene Hand führte. So machten sie es mit Kaiser Friedrich. Von ihnen war die letzte und bedeutendste Bande die „schwarze Garde", welche endlich bei Hemmingstedt von den Ditmarsen so gut wie vernichtet wurde.

Eine dritte Art von Fussknechten oder „Dienstleuten", wie sie genannt werden, waren diejenigen, welche Fürsten, Herren und Städte aus ihren Unterthanen zeitweilig nach Anordnung und Bedarf des Reiches oder des Landes aushoben, nicht anwarben. Sie dienten nur für den Fall und auf gewisse Zeitdauer und waren nicht Soldaten von Beruf, sondern kehrten nach geschehener Dienstleistung zur Werkstätte oder zum Pfluge wieder zurück.

Von allen diesen wohl zu unterscheiden ist der Landsknecht. Name und Sache kommen wohl einmal früher vor, und doch erst 1474, da es von Peter von Hagenbach im Elsass heisst, dass er zum Dienste Karls des Kühnen Landsknechte geworben habe. Aber Name und Sache wurden erst berühmt und bedeutend seit dem Regierungsantritte Maximilians, und alle Schriftsteller des sechzehnten und siebzehnten Jahrhunderts, welche von diesem Soldatenvolk berichten, sind darin einstimmig, dass eben dieser Kaiser der Schöpfer der eigentlichen Landsknechte geworden sei. Und jedenfalls hatten diese ihre grosse, ihre goldene Zeit unter ihm und in den ersten beiden Jahrzehnten der Regierung seines Nachfolgers Karls V.

Wenn darüber keinerlei Zweifel bestehen kann, so ist es andererseits allerdings schwer zu sagen, worin das eigentlich Neue an seiner Schöpfung bestand, inwieweit er das Vorhandene benützt hat, und welches die bestimmten Einrichtungen waren, die er selber traf. Die Schwierigkeit liegt darin, dass aus Maximilians eigener Zeit wohl viel von den Landsknechten und ihren Thaten die Rede ist, so dass ihre äussere Geschichte nicht in Frage steht, urkundlich und gleichzeitig aber nicht von dem berichtet wird, was der Kaiser selber gewollt und angeordnet hat. Wenige Jahrzehnte nach ihm hat zwar sein Nachfolger Kaiser Karl V. das gesammte Kriegswesen auf das Umständlichste und allseitig festgestellt, und diese Kriegsordnungen und Kriegsgesetze sind bald nach ihm in Druck gegeben worden, aber es fragt sich wiederum, wie weit alle diese Anordnungen und Einrichtungen schon in der Zeit Maximilians Anwendung gefunden haben. Es lässt sich wohl annehmen, dass die Grundzüge die gleichen sind, aber jene Kriegsbestimmungen Karls V. sind zu umständlich, zu sehr in's Kleine, selbst in's Ceremonielle ausgebildet, um völlig so schon bei den Anfängen des Landsknechtswesens existirt zu haben.

Wir sind daher über diese Anfänge und den Antheil des Kaisers Maximilian daran bis auf weiteres, bis weiteres urkundliches Material an das Licht gezogen ist, zum Theil noch auf Vermuthungen und Wahrscheinlichkeitsschlüsse angewiesen.

Eines steht fest, dass wir nicht Lanzknechte, sondern Landsknechte zu schreiben haben, man müsste denn annehmen, dass diese Kriegsleute (wie lucus a non lucendo) ihren Namen daher erhalten hätten, dass sie nicht die Lanze führten. Denn die Lanze, ohnehin ein in Deutschland damals und früher nicht allzuhäufig gebrauchtes

Wort, war die ritterliche Waffe: dem Fussgänger aber kam der Spiess, die Hellebarde zu, und so ist immer auch von den Spiessen der Landsknechte die Rede, niemals und nirgends von ihren Lanzen. Richtig ist es allerdings, dass der Gleichklang des Wortes schon früh des Waffenwerkes unkundige Schriftsteller veranlasst hat, „Lanzknechte" zu schreiben; von Anfang an aber existirt die richtige Schreibweise als die gewöhnliche, und sie wird obendrein durch die alte französische Uebersetzung Compagnons du pays bestätigt. Meynert hätte daher in seiner Geschichte des Kriegswesens die irrthümliche und bereits aufgegebene Schreibweise nicht wieder aufnehmen sollen.

Die Landsknechte sind „Knechte", d. h. Dienstleute des Landes, und der Name mag, wenn er überhaupt älter ist als diese Zeit, zunächst die ausgehobenen oder angeworbenen Dienstleute der Landschaft bezeichnet haben. Maximilian adoptirte den Ausdruck und gebrauchte ihn für seine, in seinen Erblanden, d. h. vor allem in seinen schwäbischen Besitzungen, in Vorderösterreich und im Elsass, wie dann in Schwaben selber angeworbenen Kriegsleute. Wie hier schon lange der Hass gegen die Schweizer bestand, so traten denn diese seine Kriegsleute als Knechte des niederen Landes, im Gegensatz gegen die Söhne des Gebirges, auf. Sie schieden sich aber selber wieder in oberländische und niederländische Knechte, womit wohl eher das schwäbische Ober- und Niederland gemeint sein soll als Süd- und Norddeutschland. In diesem dichtbevölkerten, aber viel zertheilten, von kleinem, ritterbürtigem Adel dicht besetzten Winkel Deutschlands, der von Rhein und Donau gebildet wird, war der eigentliche Herd, der Bienenstock der Landsknechte, so dass jene Gegend, wo der Rhein in den Bodensee sich ergiesst, auch das Landsknechtlandel und Feldkirch das Officierstädtel hiess. Es war die Heimat der Embser oder Hohenemser.

Was Kaiser Max zunächst mit seinen Landsknechten wollte, liegt wohl klar am Tage. Er wollte sich und dem Reiche ein Fussvolk schaffen, das ihm allezeit für innere und äussere Kriege zu Gebote stand. Es war die Zeit der grossen nationalen Kriege gekommen, und in diesen ruhte die Entscheidung auf einem kriegsgeübten, stets bereiten Fussvolk. Er brauchte dasselbe für seine Kriege, schon als Erbe oder Schützer des Erben von Burgund, und er brauchte es für das Reich, das ihm statt des Aufgebots die Matricularbeiträge in Geld geben sollte, die angeworbenen und stehenden Truppen zu besolden.

Wenn nun Fugger in seiner Handschrift vom Ehrenspiegel, welche zuerst genauere Mittheilung von Maximilians Absichten macht, angibt (Meynert, Kriegswesen II. 71), der Kaiser habe in seinen Landsknechten gewissermassen einen „Orden" aufstellen wollen, so ist dieses Wort wohl nicht im eigentlichen Sinne zu nehmen, nicht in dem Sinne, wie zu jener Zeit die ritterliche Vereinigung oder Brüderschaft des Georgsordens existirte. Der Ausdruck soll wohl nur die eigenthümliche, von anderen unterschiedene, in sich geschlossene Verbindung bedeuten.

Andererseits aber ist es auch wiederum richtig, dass er es nicht auf eine angeworbene und besoldete Soldateska abgesehen hatte, von der Art der Banden, wie sie schon das ganze fünfzehnte Jahrhundert hindurch umherzogen. Er wollte etwas Höheres und Besseres schaffen, eine Einrichtung, die dem Vaterlande zugute käme: er wollte eine Waffengenossenschaft, die auf sich und ihre Ehre hielt. Zu diesem Zwecke war er ganz vorzugsweise bemüht, den jungen kriegslustigen Adel, an welchem Deutschland Ueberfluss hatte, zu gewinnen, und das nicht blos als Officiere, sondern als Kämpfer mit dem Spiesse, allerdings in der Regel als sogenannte „Doppelsöldner", welche auf dem Ehrenplatze im ersten Gliede fochten. Die Bezeichnung „Knecht" steht diesem Brauche in keiner Weise entgegen, denn der „Knecht" (valet), der Begleiter des vollgerüsteten Ritters, der minder gerüstet, aber gewappnet und zu Pferde im zweiten Gliede focht, konnte vom Adel sein oder nicht und konnte selber ein Ritter werden. Das alte Verhältniss ist im englischen Knight (d. i. Knecht), der Bezeichnung der untersten Adelsclasse, noch heute bewahrt.

Im Uebrigen nahm der Kaiser wohl viele der bestehenden Einrichtungen für seine neuen Landsknechte an, sei es von den Schweizern, sei es von den älteren Söldnern. Er adoptirte das Werbesystem, die Bezeichnungen und die Chargen der Officiere, die Abtheilung in Fähnlein und die Einrichtung des Regiments, welches Wort ursprünglich nur die Vollmacht, den Befehl des Obersten bedeutete und dann erst die Gemeinschaft der unter ihm dienenden Kriegsleute.

Anfangs, wie schon angegeben (es war zuerst 1487 gegen die Städte in den Niederlanden, dann 1490 zum ungarischen Krieg), warb Maximilian zumeist in seinen Erblanden, vor allem in Schwaben, im Elsass und in Tirol. Wie er die Landsknechte aber nicht blos für sich, sondern auch für das Reich warb, so lieferte sie denn auch das ganze Reich, der Norden wie der Süden. Zu dem Adel des Landes gesellte sich der Städter, der thatenlustige Patriziersohn, der unruhige Handwerker, den es nicht mehr in der Werkstatt hielt, die jüngeren Söhne reicher Bauern, die das abenteuernde Leben dem harten Dienste um geringen Lohn bei den Eltern und Brüdern vorzogen. Es war die Zeit der grossen Entdeckungen, der grossen Neuerungen in Cultur, Religion und Politik; die ganze Welt war in Bewegung, ein Wandern und Treiben hin und her, Alles von Thatendurst und Abenteuerlust erfüllt.

So flogen denn bald kriegslustige Genossen von allen Seiten herbei, wenn die Werbetrommel gerührt wurde, und der Soldatenstand wurde Beruf, wurde Gewerbe. Mit dem Gewerbe verschwanden auch die hohen Tendenzen, welche Kaiser Max in seinem idealen Sinne mit den Landsknechten mochte gehegt haben. Nach einigen Jahrzehnten waren sie wie andere Söldner; man fragte wenig nach Geburt und Herkunft, nach Habe und Gut. Die niedere Herkunft überwog völlig die edlere oder bessere; Habsucht, Uebermuth, Renommisterei, revoltirender Geist kamen über sie wie über die Schweizer und über ihre Vorgänger im Söldnerwesen. Die „frommen" Landsknechte wurden sehr unfromm; sie blieben gefürchtet als tapfere, kriegsgeübte Soldaten; aber auch als Plünderer und Beutemacher waren sie der Schrecken der Länder im Frieden wie im Kriege.

Davon, sowie von ihren Bräuchen und Einrichtungen werden wir im Folgenden noch mehr zu berichten haben.

II.

Von den Einrichtungen des kaiserlichen Kriegsvolks.

o hatte also Kaiser Max noch vor dem Ende des fünfzehnten Jahrhunderts aus besoldeten und geworbenen Leuten sich ein deutsches Fussvolk geschaffen, und er war bemüht gewesen demselben nach seiner eigenen Art und nach seinem eigenen Geiste einen ritterlich-kriegerischen und einen patriotisch-deutschen Sinn einzuflössen.

Ohne Zweifel war ihm auch das bis zu einem gewissen Grade gelungen, und er hatte seine neue Schöpfung — soweit sie neu und sein Eigen war — in einen entschiedenen Gegensatz gegen die alten Söldnerbanden, sowie auch gegen die Schweizer gestellt. Wo die Landsknechte in jener ersten Zeit ihrer Geschichte fochten, erkannten sie sich überall als Deutsche und stritten um ihres und des deutschen Namens willen. Viele Thaten, viele Worte ihrer Führer, welche die Geschichte bewahrt hat, dienen zum Beweise dessen, so auch die Anreden, welche Kaiser Max an sie zu halten pflegte.

Aber ein Institut wie dieses, aus gährender Zeit hervorgegangen, ausgebildet in überaus bewegter Epoche, zugleich auf freien Willen und Sold gestellt, vermochte seine moralische Höhe nicht lange zu behaupten. Der Name der deutschen Landsknechte wurde bald berühmt in aller Welt; alle Fürsten und Staaten, welche Kriege zu führen hatten — und wer war es nicht in jenem Zeitalter, das die Epoche der internationalen Kriege begann — alle bemühten sich um sie und suchten deutsche Landsknechte anzuwerben und warben um sie mit erhöhtem Lohne. Das Geld trat an die Stelle der Ehre, und sie machten ihre Forderungen und stellten sich zu Dienst dem Meistbietenden. Schon um das Jahr 1500, als der König von Aragon die Hilfe der Landsknechte verlangte, hiess es, dass sie nicht mehr mit Geld zu erkaufen seien. Ihre Führer lernten den Dienst, den Krieg als ein Finanzgeschäft betreiben, als ein Mittel, sich Geld und Gut zu verschaffen und ihrem gesunkenen ritterlichen Familienbesitz mit neuen Reichthümern wieder aufzuhelfen.

Mit der Geldgier trat ein zweites Laster hinzu, der revoltirende Sinn. Nicht immer waren die Fürsten und Herren, welche sie geworben hatten, in der Lage, den Landsknechten den hohen Sold sofort auszuzahlen, und Kaiser Max selbst, der ewig Geldarme oder Geldbedürftige, musste es noch erleben, wie seine eigenen Kriegskinder in solchem Falle sich gegen ihn wendeten. Und wenn man sie nicht zahlen konnte, so musste man andererseits ein Nachsehen haben und ihnen zu Zeiten auch das Plündern und Beutemachen erlauben. Sie aber lernten das bald. Und wenn dann, wie es nicht selten geschah, die Noth hinzutrat, wenn sie aus Siegern zu Besiegten geworden waren, wenn sie flüchtig, gehetzt, hungerig, durstig, abgerissen in die Dörfer, Gehöfte und Städte einbrachen, dann wehe den Bewohnern!

Die Nachfrage aber, die von allen Seiten kam, rief Alles unter die Landsknechtsfahnen, was unzufrieden, was im Leben gescheitert war, was Veränderung und Abenteuer liebte und das wilde Treiben dem sesshaften Leben hinter den Mauern oder dem Kleben an der Ackerscholle vorzog. Man verlangte ihrer in Dänemark, in Schweden und Norwegen, der Kaiser brauchte sie in Italien, gegen Frankreich, gegen Tunis, in der alten und in der neuen Welt; sie kämpften in Ungarn gegen die Türken, mit den Spaniern gegen die Mauren. Alle Schlachtfelder sahen und kannten sie.

Und so vergassen die Landsknechte denn auch der Heimat, verlernten den Patriotismus und machten dem deutschen Namen nur noch durch ihre Tapferkeit Ehre. Und so wurden sie aus dem „Orden", aus der von ritterlicher Ehre erfüllten Verbindung, aus der eng verbrüderten Waffengenossenschaft, zu welcher Kaiser Max sie bestimmt hatte, zu einem abenteuernden Volke, das der Zufall, der Ruf der Trommel zusammenwarf und das der Zufall wieder nach allen Richtungen auseinander trieb, zu einem Volke, das niemand mehr recht war als etwa demjenigen, der gerade ihrer Dienste bedurfte.

Und doch bildeten sie auch in dieser Gestalt den Kern der deutschen Heere im sechzehnten Jahrhundert. Denn das Landesaufgebot, das neben ihnen wohl fort und fort bestand, diente nur zum Schutze des Landes und verlor auch unausgesetzt an Bedeutung. Die grossen internationalen Kriege machten seine gänzliche Unzulänglichkeit klar und deutlich; durch sie wurde, wenn nicht gleich die stehende Armee, doch der Soldat von Beruf eine Nothwendigkeit, ein bleibender Stand. Und da nun auch für das Landesaufgebot ein Jeder, der Besitz hatte, der Adlige zumal, sich dem persönlichen Kriegsdienste zu entziehen trachtete, so drang das Werbesystem auch in dieses uralte und nunmehr veraltende Kriegsinstitut hinein.

Aber je mehr das Landsknechtsystem allgemeiner wurde, je mehr verschwinden sie selber, die Landsknechte, wenigstens mit ihrem Namen, aus der Geschichte. Schon unter Karl V. gegen die Mitte des sechzehnten Jahrhunderts wird der Gebrauch des Wortes Landsknechte seltener, obwohl im ersten Kriegsbuch Lienhart Fronsperger's vom Jahre 1555 der Hauptmann seine Leute noch stets: Liebe Landsknechte anredet. Im Laufe der zweiten Hälfte dieses Jahrhunderts verschwindet der Name ganz und gar und geht unter in der allgemeinen Bezeichnung des „kaiserlichen Kriegsvolkes". An seine Stelle tritt die Benennung „Fussknechte", welche schon vom Anfang an neben derjenigen der Landsknechte gebraucht worden war und wie der Ausdruck „Knecht" nach und nach an Anzüglichkeit gewinnt, die er anfänglich durchaus nicht besessen hatte, wird er durch den Ausdruck „Fussvolk" ersetzt.

Aber wie die Landsknechte mit ihrem Namen verschwinden, so gehen die Einrichtungen, welche wesentlich sie geschaffen haben, auf das ganze kaiserliche Kriegsvolk, auf die Reisigen wie auf die Artillerie (die Arkeley) über, und wie auf das kaiserliche Volk, so auf das der deutschen Fürsten und Herren. Das Werbesystem mit allem, was es an Kriegsordnungen im Gefolge hat, wird massgebend für alles Heer- und Kriegswesen.

Diese Einrichtungen nun, wie sie vollständig im Kriegsbuch Lienhart Fronsperger's niedergelegt und gedruckt worden, sind freilich nicht alle, oder nicht in ihrer Vollständigkeit vom Anfang an den Landsknechten eigenthümlich gewesen. Auch sie haben ihre Geschichte. Wie sie das Kriegsbuch gibt, sind sie zu fest normirt, zu sehr in allem Detail und aller Förmlichkeit ausgebildet, um schon einem werdenden Institute anzugehören. Und dennoch liegt das Wesentliche schon in den ersten Bräuchen der Landsknechte. Manches lässt sich wohl auf uralt deutsches Herkommen zurückführen, anderes wurde den Schweizern entlehnt, welche für sich und ihr Söldnerwesen bereits fertige Einrichtungen geschaffen hatten, und auch diese waren altem deutschen Brauche nicht fremd. Die Artikelbriefe, welche Kaiser Max schon 1500 für seine geworbenen Soldaten vorschrieb, der Eid, welchen er einen Jeden schwören liess, sie lassen schon die Grundlage alles dessen erkennen, was später Kriegsrecht und Kriegsordnung wurde. Karl V. und Ferdinand I. bildeten sie freilich weiter aus und setzten nun die ausgebildeten Normen als bleibende Kriegsgesetze fest.

Diese Kriegsgesetze und Kriegseinrichtungen, wie sie im genannten Kriegsbuche Lienhart Fronsperger's gesammelt stehen, bilden den Schlussstein der ganzen militärischen Entwicklung von Maximilian I. bis zur Mitte des sechzehnten Jahrhunderts, also von dem eigentlichen Zeitpunkte der Entstehung des Fussvolkes bis zu dem Momente, da die Einrichtungen der Fussknechte für das ganze „kaiserliche Kriegsvolk" giltig geworden waren, ja, da sich aus ihnen erst ein „kaiserliches Kriegsvolk" gebildet hatte.

Wir wollen von diesen Einrichtungen nach dem genannten Kriegsbuche Einiges mittheilen. Obwohl niedergeschrieben und gedruckt zum erstenmale im Beginn der zweiten Hälfte des sechzehnten Jahrhunderts, schildert das Buch doch den Zustand der Dinge in der ersten Hälfte, also insbesondere unter Karl V. und König Ferdinand I.

Dem „deutschen Kriegsvolk" war es, wenigstens in der späteren Zeit Karl's V., nicht mehr erlaubt einem nichtdeutschen Kriegsherrn zu dienen; es sei denn, dass der Kaiser ausdrücklich die Erlaubniss gegeben hätte. Dagegen, wie der Kaiser, so konnten die deutschen Fürsten die Trommel rühren und werben lassen. An Zuzug pflegte es nicht zu fehlen.

Krieg und Kriegsgefahr boten die Gelegenheit. Alsdann berief der Kriegsherr einen der namhaften Führer, welche in den Feldzügen sich Ruf, Ansehen und Vertrauen verschafft hatten, als „Obersten" und gab ihm den Auftrag, ein „Regiment" aufzurichten. Das Regiment bedeutete ursprünglich das Befehlsrecht des Obersten, soweit es sein war, über alle seine Leute, einschliesslich des Rechts der Ernennung der Officiere. Vom Befehl ging das Wort auf diejenigen über, welche dem Befehl unterstanden, und wurde somit die Bezeichnung für jene Soldatengemeinde, welche der Oberst zu befehligen hatte. Wie viele es sein sollten, wie viele Fähnlein das Regiment enthalten, jedes Fähnlein in der Regel zu 400 Mann gerechnet, welche Waffengattungen im Fähnlein vertreten sein sollten und wie viel Mann von jeder, wie viel Sold für jeden Mann nach seiner Art, das war alles in dem Bestallbrief, welchen der Oberst vom Kriegsherrn erhielt, genau bestimmt.

Der Oberst ernannte nun unter seinen wohlbewährten Waffengenossen zunächst seinen Stellvertreter, den Oberstlieutenant, und die Hauptleute je nach der Anzahl der Fähnlein. Die Hauptleute, versehen mit dem „Artikelbrief", den jeder angeworbene Kriegsknecht zu beschwören hatte, begaben sich dann an verschiedene Orte, pflanzten öffentlich die Fahne auf und liessen das „Werbepatent umschlagen". Wer sich meldete und tauglich erschien, wurde vorläufig in die „Musterrolle" eingetragen und mit Handgeld am bestimmten Tage zum bestimmten Orte beschieden, wo die Fähnlein die Musterung bestehen und zum Regiment sich vereinigen sollten.

Hier fand sich auch der vom Kriegsherrn gesendete „Musterherr" mit seinem „Musterschreiber" ein, ein kriegserfahrener Mann, der das Regiment nach Zahl und Beschaffenheit zu prüfen und keinen zu dulden hatte, der nicht kriegstüchtig und mit Wehr und Waffen vorschriftsmässig nach seiner Gattung versehen war. Unter einem Joch von Spiessen passirte das ganze Regiment, Mann für Mann, vor seinen prüfenden Augen. Nach ihrer Tüchtigkeit und Bewaffnung war er es, der ihnen den Sold bestimmte, den „Doppelsold" oder „Uebersold", den nur eine bestimmte Anzahl zu geniessen hatten. Solche strenge Prüfung durch den kriegsherrlich beordneten Musterherrn geschah, um nicht bloss tüchtiges Kriegsvolk zu bekommen, sondern auch um jeden finanziellen Missbrauch hintanzuhalten.

War die Musterung geschehen, so liess der Oberst Alles, was tauglich befunden und angenommen war, die „ganze Gemeinde", in einen Ring um sich versammeln, hielt ihnen eine Ansprache, liess den Artikelbrief verlesen und den Eid in die Hände des Schultheissen, der vom Kaiser oder Kriegsherrn für das Regiment bestellten höchsten gerichtlichen Person, ablegen. Dieser beschworne Artikelbrief enthielt den Gehorsam gegen den kaiserlichen Kriegsherrn (falls der Kaiser der Besteller war), gegen den obersten Feldhauptmann und den Obersten, gegen die Hauptleute und alle anderen Vorgesetzten, so vom Obersten ernannt waren. Er enthielt das Gebot nicht Gott und die Heiligen zu lästern, der Frauen zu schonen, die Geistlichen und Kirchen zu schützen, bei Strafe an Leib und Leben — bei den „frommen" Landsknechten wohl keine unnöthige Vorschrift. Der Artikelbrief gab ferner Bestimmungen über Beute und Plünderung: niemand dürfe plündern, bevor die Wahlstatt oder der bestürmte Platz erobert sei, niemand in einer Stadt plündern, welche sich durch Vertrag ergeben habe, niemand ohne Befehl des Obersten brandschatzen oder brennen. Wer den Profoss oder seine Diener in der Ausübung ihres Amtes hindere, solle bestraft werden, wie der Verbrecher selber. Was Einer in Schlachten und Stürmen an Beute gewinne, sei sein Eigenthum, ausgenommen Geschütz, Pulver und Proviant in öffentlichen Gebäuden.

Der Artikelbrief wurde in der Regel auf sechs Monate beschworen, doch war schon sofort im Falle der Fortdauer des Krieges auf Verlängerung Bedacht genommen.

Der Artikelbrief ferner als Vertrag zwischen dem Kriegsherrn und dem geworbenen Soldaten bestimmte auch die Höhe des Soldes und sonstige Nebenbedingungen, wie z. B., dass ein Monat bis zu dem Tage einer Feldschlacht oder eines Sturmes für voll gerechnet wurde. Der Oberst erhielt unter Karl V. einen monatlichen Sold von 400 Gulden, dazu noch für seine acht Trabanten 32, für acht gerüstete Pferde 80, für einen Wagen 24, für ein „Spiel" 16, für den Caplan, den Schreiber, den Koch, den Dolmetsch und einen Extraordinarius je 8 Gulden. Der Gehalt war insbesondere so hoch bemessen, weil der Oberst Tafel zu halten hatte. Der Hauptmann hatte dagegen nur einen Monatssold von 40 Gulden, der Fähnrich von 20, das ist der zehnfache und fünffache Sold des gemeinen Landsknechts, der aus vier Gulden bestand. Die nächst höchste Besoldung nach dem Obersten hatte der oberste Profoss oder der Hauptmann der Justiz, die höchste vom Kaiser bestellte Gerichtsperson. Seine Besoldung bestand für seine Person in 3oo Gulden monatlich. Er hatte aber noch viele Hilfspersonen in seinem Dienst, welche ihren besonderen Sold empfingen.

War der Artikelbrief verlesen und die Eidesleistung geschehen, so stellte der Oberst die verschiedenen höheren Officiere und Beamten der „Gemeinde" vor; der Profoss stellte sich selber vor. Das Regiment löste sich dann auf in seine Fähnlein, jedes Fähnlein rückte an seinen Platz, wo der Hauptmann wiederum seinen Lieutenant und die Beamten des Fähnleins, den Schreiber, Caplan und Feldscher, vorstellte. Die unteren Stellen wurden dann nach Aufforderung des Hauptmannes durch freie Wahl von den Gemeinen selber besetzt, die Weibel, die Führer und die Fouriere. Dann theilte sich das Fähnlein in Rotten zu zehn Mann ab, und nun war das Regiment constituirt, geordnet und war marschfertig.

Jedes Fähnlein war aus verschiedenen Waffengattungen zusammengesetzt. Es zählte nach der Regel 400 Mann, von denen gewöhnlich 60 Hakenschützen waren. Der grössere Theil des Fähnleins trug die langen Spiesse. Ein kleinerer Theil führte die Hellebarde, ein anderer das lange zweihändige Schlachtschwert. In der Schlachtordnung aber wurden die Waffengattungen der verschiedenen Fähnlein zusammengestellt, zumal wenn das ganze Regiment die „gevierte Ordnung" machte, eine Ordnung, welche der macedonischen Phalanx glich. In dieser Ordnung bildeten die sämmtlichen Spiessträger ein grosses geschlossenes und ausgefülltes Viereck mit den Fahnen in der Mitte und den Hellebardieren zur Seite. Die Hakenschützen waren in zwei Abtheilungen rechts und links den Flügeln „angehenkt". Auch geschah es wohl, dass Hakenschützen vor der Front die Schlacht eröffneten oder einleiteten, was sonst Aufgabe des „verlornen Haufens", tapferer, durch das Los erwählter Leute, war. Dem „verlornen Haufen" rückte der „helle Haufe" nach unter dem Schall der Trommeln. Voran im ersten Glied („Blatt" in der Landsknechtsprache genannt), sowie im letzten Glied standen die stärksten und erprobtesten Leute, welche den Doppelsold oder Uebersold erhielten.

Regiment wie Fähnlein führten aber auch einen starken Tross mit sich von Wagen und Geschirr, von Fuhrknechten, Weibern und Buben. Der Tross war zuweilen sehr lästig, aber doch nothwendig. Der Landsknecht liess es sich nicht nehmen sein ehelich Weib, wenn er eines hatte, oder sein oft erwähntes „flandrisch Mädchen" mit in das Feld zu nehmen. Die Weiber, „die Sudlerinnen", nähten, flickten, kochten und schleppten, pflegten die Kranken und Verwundeten; die Buben halfen aus und schleppten den Bedarf herbei, trugen Gepäck und Beute. Diesen Tross, derber Weise „Huren und Buben" genannt, in Ordnung zu halten war die Aufgabe des „Hurenweibels", eines erfahrenen Kriegsmannes von Hauptmannsrang, der in Lieutenant, Rumormeister und Fähnrich (denn der Tross besass seine eigene Fahne) seine Gehilfen hatte. Ein seltsamer Anblick, dieser Tross, wie er marschirend daher zog! Voran zu Pferde der Rumormeister mit einem derben Prügel in der Hand, dem „Vergleicher", dessen er sich schnell und kräftig zu bedienen wusste; hinter ihm der bunte Haufe der maroden Knechte, der Weiber und Buben, beladen mit kleinen Kindern, mit Gänsen und Hühnern, mit Geräth von Löffeln und Töpfen und sonstigem Kochgeschirr, mitten unter ihnen der Fahnenträger, in einem Arme die Fahne, am andern sein Weib oder Mädchen; sodann ein Zug Gefangener, vielleicht türkisches oder mohrisches oder sonst fremdländisches Volk, und dahinter Bagagewagen, und oben darauf der Hahn, die Weckuhr der Landsknechte. Ein köstlicher Stoff für den Künstler, wie er denn vielfach damals gemalt und gezeichnet worden.

Hier im Tross übten Weibel und Rumormeister schnelles Recht. Sonst hatte sich aber im gleichen Laufe der Entwicklung dieses landsknechtischen Kriegswesens, insbesondere unter Karl V., ein sehr detaillirtes Kriegsrecht mit festen Normen und Formen herausgebildet, das mit aller Strenge und Gewissenhaftigkeit gehandhabt wurde. Auch dieses ist in Fronsperger's Kriegsbuch niedergelegt.

Sobald ein Regiment aufgerichtet war, liess der Kriegsherr durch den Obersten den „Schultheiss" ernennen, einen verständigen, des Rechtes und Brauches kundigen Kriegsmann. Er wurde in Eid genommen und ihm der Stab übergeben, ihn zu führen „dem Armen als dem Reichen, niemanden zu lieb und niemanden zu leid." Der Schultheiss erwählte sich wiederum zwölf Mann, möglichst aus jedem Fähnlein einen, welche mit Hauptleuten, Fähnrichen und Feldweibeln das Gericht bildeten. Während der Schultheiss und seine Beisitzer das Gerichtsverfahren übten und Recht sprachen, ruhte die Ausübung in den Händen des „Profossen" (oder des Generalprofossen für die ganze Armee). Zu seinen Gehilfen hatte er den „Stockmeister" und die „Steckenknechte" und den „Nachrichter". Im Lager richtete er den Markt ein und führte dort Aufsicht und Polizei.

Die gewöhnlichen Streitigkeiten und Händel im Lager machte der Schultheiss mit seinen Gehilfen rasch und bündig ab, ging es aber an's Leben, so wurde ein umständliches Verfahren strenge befolgt im Beisein der ganzen „Gemeinde", welche das Viereck des Gerichtes in einem grossen Ringe umstand. Verfahren, Strafen, Execution, alles war genau vorgeschrieben und vorgezeichnet.

Alle diese Einrichtungen, wie sie geschildert worden, nahmen allerdings von dem Fussvolk der Landsknechte ihren Ausgang und erhielten bei demselben ihre Ausbildung, aber sie blieben nicht ihm allein. Sie wurden, wie das schon angedeutet worden, das Vorbild des ganzen kaiserlichen Kriegsvolkes. Denn es konnte das Kriegswesen durch dieses neue geworbene Fussvolk und seine alles überragende Bedeutung nicht so gründlich geändert werden, ohne dass auch die anderen Waffengattungen, Reiterei und Artillerie, mit in die Veränderungen einbezogen waren.

Insbesondere änderte sich nun die erstere insoferne, als aus dem lehns- und kriegspflichtigen Ritter ein geworbener Reiter wurde, der sich in Fähnlein und Regimenter eintheilen liess, gerade wie der Landsknecht. Auch diese Einrichtung ist in erster Entstehung schon auf Kaiser Max zurückzuführen. Im Jahre 1498 liess derselbe in Oesterreich vier Fähnlein Reiter anwerben, jedes bestehend aus 25 Kürissern, d. h. nach Ritterart voll geharnischten Reitern, deren jedes eine entsprechende Anzahl wohl ausgerüsteter reisiger Knechte mit sich führte, von Trabanten, Büchsenschützen, Speerträgern u. s. w., so dass das Fähnlein im Ganzen etwa 450 Köpfe zählte.

Das war insofern noch die alte Einrichtung, als der Ritter, der Bannerherr, sich mit ähnlich gemischtem Gefolge zum Kriegsheere des Lehnsherrn eingestellt hatte, neu aber war die Werbung und die regelmässige Eintheilung nebst den Officieren, bestehend aus einem Hauptmann, einem Lieutenant und einem Fähnrich, was alles nebst der regelmässigen Besoldung dem Landsknechtsfähnlein nachgebildet war.

Aber diese 25 Kürisser bestanden sämmtlich noch aus Adligen; Maximilian hatte sie absichtsvoll aus seinem jungen Adel ausgewählt und suchte auch später noch seinen Reiterfähnlein diesen Charakter zu bewahren. Er warb gerne deutsche Fürsten und Herren mit dem Auftrage eine Anzahl gerüsteter Reisige zu stellen, welche sie wieder ihrerseits aus dem niederen Adel mit Werbung und Sold zum kaiserlichen Dienst unter ihrer Führung zusammenbrachten.

Aber so wie die Landsknechte den anfänglich beabsichtigten adligen Charakter rasch einbüssten, so erging es auch den Reitern, nur mit minderer Schnelligkeit. Die Adligen, welche dienen wollten und im Stande waren Pferd und Rüstung in entsprechender Güte sich anzuschaffen, gingen doch immer mit Vorliebe unter die Reiter als eine bevorzugte Truppe. Diesen Charakter haben die Reiter noch in Fronsperger's Kriegsbuch, wo es in der Einleitung zum fünften Buche heisst: „Dieweil unter dem Regiment der Reisigen viel treffendlicher, ehrlicher, hochgeborner und achtbarer Leute sind von Fürsten, Herren, Grafen, Edel und Unedel.... so ist billig vor anderen ihnen die Ehre zu geben und dem Fussvolk fürzunehmen."

Dennoch machten die Grafen und Herren bald sehr die Ausnahmen, und der schlichte Reitersmann bildete Mehrzahl und Charakter. Damit gleichzeitig und im Zusammenhange vollzog sich eine zweite Aenderung. Da der einzelne Reitersmann sich auf Werbung und Sold stellte und nicht der Adlige sein gemischtes Gefolge mitbrachte, so wurde auch Gleich zu Gleich zusammengestellt, und es bildeten sich nun die verschiedenen Waffengattungen der Reiter, woraus dann die Regimenter nach verschiedener Art und Benennung entstanden. Das besser verstandene, schon wissenschaftlich behandelte Kriegswesen liess auch für die Reiterei ein verschiedenes Bedürfniss und namentlich ein Bedürfniss nach grösserer Beweglichkeit erkennen. So entstanden denn die verschiedenen Reiterarten, die „Lanzirer", welche dem vollgerüsteten adligen Ritter zunächst entstammten, die „Kürisser" oder Kürassiere, die „deutschen Reiter", die „Arkebusiere", d. i. die Feuerschützen zu Pferde, und später dann die „Dragoner", anderer Nebengattungen zu geschweigen. Sie alle, die Dragoner ausgenommen, fanden ihre erste Entstehung schon unter Karl V.

Um die Mitte des sechzehnten Jahrhunderts bilden sie insgesammt den „reisigen Zeug" des kaiserlichen Kriegsvolks. Reisige, das will ursprünglich sagen, Leute, die zum Reisen bereit sind. Reisige sind dann die berittenen Kriegsknechte der Ritter und nunmehr die geworbene und besoldete Reiterei.

Auf diesen „reisigen Zeug" nun gingen alle Sitten und Einrichtungen der Landsknechte hinüber. Wie die Reiter gleicherweise geworben und besoldet wurden, so wurden sie gemustert, in Fähnlein und Regimenter getheilt und dem gleichen Kriegsrecht unterworfen. Das Fähnlein hatte seinen Hauptmann, der bald den Namen Rittmeister erhielt, seinen Leutenant, Weibel, Caplan und die anderen untergeordneten Chargen, und das Regiment seinen Obersten und Oberstlieutenant, seinen Schultheissen und Profoss.

Ganz ähnlich war es nun auch bei der Artillerie, der „Arkeley", um welche sich Kaiser Max auch technisch mit selbsteigenem Denken und Sinnen so viele Mühe gegeben hatte, nur dass hier die Besonderheit der Waffe doch manches Eigenthümliche hervorrief. Die Handhabung der Waffe erforderte nicht bloss lange Uebung, sondern auch viele Kenntnisse, und ein grosses Material an Geschütz und Geschoss blieb stets vorräthig in Friedenszeiten. Beide Umstände verlangten zum Theil dauernde, nicht bloss für den Feldzug geworbene Beamte und zugleich festgebaute Zeughäuser mit dem „Zeugwart" und seinem untergeordneten Personal zur Aufsicht. Dazu kamen Verschanzungen, Befestigungen, feste Schlösser, Mauern und Thürme, deren Anlage, Beaufsichtigung und Reparatur stets geeignete und kundige Männer erforderten, und umsomehr, als die erweiterte Anwendung der Feuerwaffe zur Belagerung und Vertheidigung so viel Neues im Genie- und Fortificatioswesen hervorrief.

So gab es denn bei der Artillerie ausser dem Zeugwart und den gewöhnlichen Chargen noch einen Schanzmeister, einen Hauptmann der Schanzbauern, einen Wagenmeister, einen Bau- und Brückenmeister, einen Geschirrmeister u. s. w. Die ganze Artillerie aber im Kriege wie im Frieden hatte an ihrer Spitze einen „Feldzeugmeister" oder „Arkeley-Oberst", dem ein „Arkeley-Lieutenant" zur Seite stand.

Dieser Feldzeugmeister hatte in einem Kriege den dritten Rang in der ganzen Armee, denn wie er an der Spitze des gesammten Geschützwesens stand, so hatte auch der gesammte „reisige Zeug" der Armee sein Haupt in dem „Feldmarschalk", der den zweiten Rang besass, und über Alle wiederum war vom Kriegsherrn der „General-Oberst" oder „Feldhauptmann" gesetzt. Er bildete als höchster Befehlshaber die Spitze des gesammten kaiserlichen Kriegsvolkes.

III.

Von Costüm und Bewaffnung.

u der Zeit, da die Landsknechte entstanden, gab es keinerlei Uniform bei irgend einer Truppengattung. Ein Jeder folgte seiner Phantasie, und die Phantasie folgte der Mode. Es kommt wohl vor, dass die Nürnberger ein Fähnlein, das sie unter Führung des berühmten Willibald Pirkheimer dem Kaiser Maximilian zusendeten, alle in Roth gekleidet hatten, was den Kaiser ebenso erfreute wie verwunderte, aber es war völlig Ausnahme. Der Kriegsmann, der sich zum Dienste stellte, sei es aus Pflicht oder auf Werbung, trug seine eigene Kleidung. Der Kriegsherr lieferte ihm zuweilen das Tuch gegen Abzug von seinem Solde, wenn er schlecht equipirt war und nicht Geldes genug hatte sich zur Musterung genügend auszustatten; wie er es aber benützte, in welchem Schnitt er sich die Kleidung machen liess, das war seine Sache.

Natürlich folgte er der Mode, und die Mode war eine grosse Sache im fünfzehnten Jahrhundert. Es war das Zeitalter der extravagantesten Trachten, das Zeitalter des wahren Stutzerthums in der Weltgeschichte. Die Farben wurden bunt und grell an einander gesetzt, der Formen waren unzählige, je bizarrer, um so besser, und der Willkür war der weiteste Spielraum gelassen.

Jedennoch, trotz der Willkür und der Mannigfaltigkeit, bewegte sich die Mode innerhalb gewisser Charakterzüge, innerhalb bestimmter formeller Grenzen, welche dem Costüm dieser Zeit das Gemeinsame und Erkennbare geben. Lassen wir die Frau beiseite, welche uns hier nicht interessirt, so hatte es der Mann bei der Kleidung, welche ihm zunächst am Leibe lag, auf möglichste Enge abgesehen. Das war die traditionelle Tendenz seit dem vierzehnten Jahrhundert. Wenn er Mantel oder Oberrock abgelegt hatte, so erschien der Mann etwa so in seinen Contouren, wie ihn Gott geschaffen hatte. Eine kurze anliegende Jacke deckte den Oberleib, ein Beinkleid von gespanntester Enge, das sich über die Spitzen der Füsse fortsetzte oder in lang geschnäbelten Schuhen endete, umschloss die untere Hälfte. Um die Schultern (eigentlich nur auf einer) hing ein kurzes, nur bis zur Taille reichendes Mäntelchen oder auch — denn man liebte die Gegensätze — ein langer, weiter, mächtiger Oberrock, Schaube genannt. Den gelockten Kopf deckte irgend eine abenteuerliche Form von Hut oder Haube, das Gesicht war bartlos, der Hals und nicht selten auch die Schultern entblösst, decolletirt.

In dieses wundersame Costüm trat nun auch der Landsknecht hinein. In der engen Jacke, in dem gespannten Beinkleid, in den spitzen Schuhen mit langen Schnäbeln sollte er den Spiess fällen, sollte fechten und marschiren. Er sollte ja das leicht bewegliche Element im Heere sein. Das passte ihm nicht. Er musste Glieder und Gelenke frei haben. Der Mode konnte er sich nicht entziehen; er hatte kein anderes Costüm, und er hatte ja auch, wie jeder echte Soldat, seinen Theil vom Stutzer.

Er legte also das Costüm der Zeit an, aber er schaffte sich Luft, Oeffnung und Beweglichkeit. An Schultern und Ellbogen, an Hüften und Knieen schnitt er die ganze Kleidung auf, damit die Glieder Freiheit hätten. Aus der aufgeschnittenen Jacke kam nun das Hemd heraus, und die Kniee liess er nackt und bloss hervortreten. Ja mehr noch. Er scheute sich nicht vom linken Beine, das er bei gefälltem Spiess zu biegen hatte, die Bekleidung herunterzuschneiden und mit einem bekleideten und mit einem unbekleideten Beine zu gehen.

Diese Oeffnung der engen Kleidung war nun wohl nicht allein das Werk des Kriegsmannes, wenigstens wurde sie sofort Mode in allen Landen der Cultur — man hatte eben überall das Bedürfniss nach Luft und Freiheit — und als Mode blieb sie nicht bei dem Bedürfniss stehen. Der Stutzer schlitzte bald überall, öffnete die ganzen Aermel, liess auch die untere Hälfte derselben hinweg, schnitt die ganze Brust der Jacke heraus und machte einen gleichen Ausschnitt auf dem Rücken. Da musste freilich ein Ersatz eintreten. Er bestand theilweise, wie schon angegeben, in dem Heraustreten des Hemdes, das bunt bestickt wurde, zum Theil aber auch in der Unterlegung oder Schliessung der Schlitze durch einen andersfarbigen leichten Seidenstoff.

Diese luftige, bunte Mode wurde unter der Narrethei des fünfzehnten Jahrhunderts schon höchst phantastisch betrieben, ihre goldene Zeit in systematischer, raffinirter Ausbildung feierte sie aber erst im sechzehnten Jahrhundert, und wiederum unter dem Vorgang der Landsknechte.

Mit dem sechzehnten Jahrhundert begann eine neue Epoche im Costüm. Es war der Beginn der modernen Zeit, die Zeit des Humanismus, der Renaissance, der kirchlichen und politischen Reformen. Die Welt wurde ernst und nachdenklich und verlangte nach Neuem und Besserem, als das zerfahrene, in Auflösung und Untergang begriffene Mittelalter noch zu bieten hatte. Es ging ein männlich-ernster Zug durch die Länder, den auch das Costüm sofort im Wechsel der Moden spürte.

In wenigen, in kaum zwei Jahrzenten hatten sich die Trachten völlig umgeändert. Jacke und Beinkleid lagen in bequemer Weite an; wer ein Oberkleid tragen wollte, trug die Schaube bis zum Knie gekürzt und in männlich-stattlicher Breite. Jacke und

Hemd wuchsen wieder über die Schultern zum Halse empor, der Kopf legte die langen Locken ab und hielt das Haar in mässiger Kürze in Form der „Kolbe", und der Bart bekam die Freiheit des Wachsens zurück. Die zahllosen Formen von Hüten und Hauben verschwanden und machten einer einzigen Kopfbedeckung Platz, dem Barett. Die Schuhe verloren ihre spitzen Schnäbel und schlugen in ihr Gegentheil um, in breite Ausläufe, die man Kuhmäuler, Entenschnäbel, Bärentatzen nannte. Die Zeit hatte noch nicht alle Phantastik abgethan, ja in dieser bewegten und drangvollen Epoche brach der abenteuerliche Sinn in Formen und Farben bald auf's Neue in grottesker Weise wieder hervor.

In dieser erneuerten Phantastik waren es die Landsknechte, welche vorangingen und die Moden der civilen Welt nach sich zogen.

Der Landsknecht hatte natürlich den Wechsel der Trachtenformen im Beginn des neuen Jahrhunderts vollständig mitgemacht. Er hatte die breiten Schuhe angelegt, obwohl sie sich bei ihrer Flachheit schwer befestigen liessen und auf dem Marsche, namentlich in nasser Gegend, keineswegs bequem oder praktisch sein mochten. Er trug das bequeme Wamms mit weiten Aermeln und fütterte und steppte es wohl, um des Oberkleides, der Schaube oder des Mantels, entbehren zu können. Man sieht Oberkleider oder ein rockartiges Gewand selten bei ihm. Er trug das Haar gekürzt, liess den Bart wachsen und setzte auf das verwegene Haupt das flache Barett.

Aber nicht lange, so fügte er alledem auch die Phantastik, das Abenteuerliche wieder hinzu. Der Wechsel der Trachten fiel zusammen mit der Epoche seiner Geschichte, da aus den ursprünglichen patriotischen, idealen Intentionen des Kaisers Max der Geist der fahrenden Soldateska hervorging, da der Landsknecht nicht mehr oder nicht einzig dem Kaiser und dem Vaterlande, sondern allen Herren in allen Ländern diente. Er war ein gefürchteter, berühmter Kriegsmann, aber auch ein heimatloser Abenteurer geworden. Ruhelos, unstät, des nächsten Tages nicht mehr sicher, verlangten die Landsknechte Glück und Glanz vom Augenblick. Sie wollten auffallen, imponiren, glänzen, auch in ihrer äusseren Erscheinung, und so wurden sie Stutzer in ihrer Art, Renommisten und Phantasten, die, was die Zeit an Moden darbot, sofort in's Bizarre und Masslose übertrieben. So vom Kopf bis zu den Füssen.

Hielten sie das Haupthaar meist kurz, oft in voller Kürze geschnitten, so liessen sie dem Bart die Freiheit oder behandelten ihn vielmehr mit individueller Willkür. Die gewöhnlichste Form war ein unter dem Kinn gestutzter Vollbart; es gab aber Landsknechte, die ihn wachsen liessen, so lang er wollte. Einem edlen und durch seine Stärke berühmten österreichischen Kriegsmann, dem Andreas von Rauber, wuchs er bis auf den Boden herab; er wand ihn der Bequemlichkeit wegen um den Leib. Graf Eitelfritz von Zollern, ein anderer berühmter Führer, liess ihn nur auf der einen Seite des Kinnes wachsen und flocht ihn hier in einen Zopf.

Der Hut, wie schon angegeben, war zum Barett geworden. Der Landsknecht trug es flach, von gewaltiger Breite, schlitzte es ringsum, legte eine Hahnenfeder keck hinüber, umwallte es mit Gefieder oder liess die buntgefärbten Federn weit den Rücken herabfallen. Er setzte es schief auf den Kopf, dass es nur eine renommistische Zierde war, nicht eine Bedeckung, und da es so schwer fest sass, nahm er eine geflochtene Haarhaube, die Calotte, zu Hilfe (ursprünglich eine Frauentracht), welche den Kopf einschloss. An diese befestigte er sein schiefes Barett, oder er trug auch die Calotte allein und liess das Barett auf dem Rücken hängen. Auch die Schuhe schlitzte er am breiten Vordertheil und unterlegte die Schlitze mit buntfarbigem Stoff. In diesen Schuhen, die nur an den Zehen und an der Ferse nothdürftig gehalten waren, ging er wie auf flachen Sohlen, so dass das Wasser hineinlaufen konnte.

Die Mode der Aufschlitzung war es vor Allem, welche das Costüm des Landsknechts zur eigenthümlichen und charakteristischen Erscheinung machte. In seinem abenteuerlichen Sinne bildete er sie an Wamms und Beinkleid ganz systemmässig mit raffinirter Erfindung aus. Die Mode hatte begonnen, wie schon gesagt, um den Gliedern die Freiheit zu geben. Von den Gliedern überzog sie den ganzen Körper, das Bein vom Knie abwärts bis zum Schuh ausgenommen. Ein Kranz von Schlitzen um das Knie herum pflegte die Zierde abzuschliessen. In einfachster Gestalt wurden die Schlitze mit einem dünnen, gewöhnlich seidenen Stoff einer zweiten Farbe ausgefüllt, oder man liess diesen Stoff als Unterfutter aus den Oeffnungen herausscheinen. Ebenso zog man eine zweite geschlitzte Hose, die nur bis zum Knie reichte, über die erste anliegende, welche aus den Löchern hervorsah. Um dieser Hose willen nannte Franz von Sickingen die Landsknechte „seine Gesellen von den Halbhosen mit den langen Spiessen". Ueber die Unterschenkel zog der Landsknecht zu grösserem Schutze wohl noch Strümpfe, die er bei gewissen Gelegenheiten schlotternd herabhängen liess.

Durch diese Art der Aufschlitzung traten in der Regel aber nur zwei Farben in Contrast. Das war zu wenig für den Landsknecht. So nahm er der Farben mehrere für die Unterlage. Die Schlitze aber behandelte er selber künstlich, er liess sie krumm, in Wellenlinien und Flammenbewegung laufen. Er stellte sie ferner in Figuren zusammen, in Kreuzen, Sternen, Blumen, in Arabesken und Mustern, wie er sie auf gewebten Stoffen zu sehen gewohnt war. Er machte aus ihnen auf der Brust eine Rosette oder eine Sonne mit flammenden Strahlen. Er schlitzte wiederum den unterlegten Stoff; er zerschnitt Wamms und Beinkleid in Streifen, in Gurten, und schlitzte diese nochmals. Er liess die Schlitze nur wie ein Netz erscheinen, das kaum des Haltes hatte, oder schnitt sie in Dreiecke aus und liess die dreieckigen Lappen herabhängen. Einem gefiel es mit solcher Mode die Butzenscheiben eines Fensters mit ihrer Bleifassung nachzuahmen. Und nicht genug an solcher Willkür, musste es an Rumpf, Beinen und Armen zugleich der Muster verschiedene geben, und, um den Contrast zu haben, auch wohl die eine Hälfte wild und toll, die andere von grösster Einfachheit.

In den Augen des Landsknechts war das Alles natürlich eine schöne und edle Sitte. Er nannte das „zerhauen und zerschnitten nach adelichen Sitten". In den Augen der feinen Welt aber, obwohl sie überall eine Weile auf diese Mode einging, war die landsknechtische Uebertreibung ein Gräuel anzusehen. Insbesondere hielten sich Franzosen und Spanier darüber auf, und selbst dem Kaiser Maximilian machten die Höflinge Vorstellungen und riethen ihm, das wilde Uebermass zu verbieten. Er aber wies sie ab und sagte: „Ach was närrischer Bekümmerniss ist das! Gönnet ihnen doch für ihr unselig und kümmerlich Leben, dessen Endschaft sie stündlich gewärtig sein müssen, ein wenig Freud und Ergötzlichkeit; sie müssen oftmals, wenn ihr dahinten steht, davornen die Köpfe zerstossen."

Und doch war diese Schlitzmode der ersten Hälfte des sechzehnten Jahrhunderts noch nicht die höchste und seltsamste Ausgeburt landsknechtischer Kleiderlust. Diese entstand erst genau um die Mitte des Jahrhunderts mit der sogenannten Pluderhose. Es war mehr und mehr gegen diese Zeit hin Sitte geworden den unterlegten Stoff weit und faltig aus den Schlitzen heraustreten zu lassen. Da zerschnitt man denn die übergezogene Halbhose, von welcher eben die Rede war, in eine Reihe senkrechter, oben und unten verbundener Gurten oder Streifen, legte eine Fülle leichten Stoffes darunter, und liess diesen Stoff aus den senkrechten Oeffnungen so massig heraustreten, dass er rings bis auf den Boden herabfiel. Dieser Stoff war gewöhnlich eine leichte, raschelnde Seide, von der Stadt Arras Rasch benannt. Das war die eigentliche berühmte Pluderhose. Die Geschichte lässt sie im Jahre 1553 im Lager des Kurfürsten Moriz von Sachsen vor Magdeburg durch die Landsknechte entstehen, es war aber nur das Uebermass, das dort zur ersten grottesken Erscheinung gekommen sein mochte.

Damals hiess es, ein Landsknecht brauche vier bis fünf Ellen zur eigentlichen Hose und zwanzig Ellen zum durchgezogenen Unterzeug. Aber schon in den nächsten Jahren ist von hundert und zweihundert Ellen die Rede, und wenn das auch eine Kunst war soviel unterzubringen, so mag es immerhin bei der Feinheit des Rasch einzelne Fälle gegeben haben, in denen annähernd eine solche Anzahl von Ellen zur Verwendung gekommen.

Die Welt war erstaunt und entsetzt über das, was die Landsknechte geschaffen hatten, dennoch wurde die landsknechtische Pluderhose Mode in Deutschland und ganz besonders in den protestantischen Ländern. Mittlerweile hatten die Spanier für die katholische Welt eine andere Hose in Mode gebracht, welche gegen das Ende des sechzehnten Jahrhunderts nicht minder grottesk war, die Pumphose. Sie schlitzten nicht, aber sie stopften die Weite mit Werg, Wolle und Kleie aus, so dass dicke Puffen die Hüften und die Schenkel umlagerten. Solche Ausstopfung ging dann auch auf Arme und Schultern über und wurde als „Gänsebauch", einem Panzer gleich und auch als solcher dienend, in Gestalt eines dicken Kissens der Brust und dem Bauche vorgelegt.

Auch diese neue Mode, zu welcher die Soldateska bereits mitgewirkt hatte, wurde soldatische Tracht und die gewöhnliche Kleidung im spanisch-niederländischen Kriege, sowie in den inneren Kriegen Frankreichs in der zweiten Hälfte des sechzehnten Jahrhunderts. Ihre Ausbildung fällt aber mit dem Ausgange des Landsknechtswesens zusammen, daher das kaiserliche Kriegsvolk die spanische Tracht nur spät und in gemässigter Gestalt annahm. Einzelnes freilich sieht man auch schon am Landsknecht nach der Mitte des sechzehnten Jahrhunderts. Er legt die dicke spanische Krause um den Hals, vertauscht die breiten Schuhe mit natürlich geformten, setzt wie der Spanier einen Hut auf statt des Baretts, und hängt auch wohl das kurze Mäntelchen um die Schultern, gleichwie er es zuweilen im Anfange seiner Geschichte getragen hatte. Dazu entlehnte er denn auch vom Spanier den langen Degen.

Mit Wehr und Waffen war der Landsknecht sonst nicht in gleicher Weise beweglich und veränderlich gewesen, wie mit seiner Kleidung. Die Bewaffnung, mit welcher er auf dem Schauplatz der Geschichte erschienen war, hatte er im Wesentlichen noch, als er diesen Schauplatz wieder verliess.

Das Fähnlein der Landsknechte war von Anfang an aus verschiedenen Waffengattungen zusammengesetzt, im Gegensatz gegen die militärische Tendenz des vierzehnten und fünfzehnten Jahrhunderts, welche das Gleiche zum Gleichen zu stellen suchte und z. B. die Schützen von der blanken Waffe bereits geschieden hatte. Bei den Engländern, Franzosen, Spaniern waren die Bogner und Armbrustschützen für sich. Anders bei den Schweizern, deren Fähnlein aus Spiessern, Hellebardieren, Armbrustschützen und Büchsenschützen gebildet war, und zwar so, dass die Summe der Hellebarden sich zu der aller übrigen Waffen wie 3 zu 2 verhielt; die Spiesse bildeten etwa den vierten Theil, und die Fernwaffen verhielten sich zu den blanken Waffen wie 1 zu 4. Die Stellung war so, dass die Hellebarden die Mitte des Gewalthaufens ausfüllten, die Spiesse aber ihn umsäumten.

Diese Einrichtung diente ohne Zweifel den Landsknechten zum Vorbild, aber es trat bei ihnen ein grosser Unterschied ein, indem im Landsknechtsfähnlein die Spiesse oder Piken die Ueberzahl bildeten. Im hellen Haufen, der geschlossen fechten und seine Ordnung behaupten sollte, kamen die zum Einzelkampfe, zu Stoss und Schlag dienenden Hellebarden wenig in's Gefecht; die Waffe selber verlor an Achtung und trat daher auch an Zahl immer mehr vor den Spiessen oder dem bedeutungsvoller anwachsenden Feuergewehr zurück.

Die Spiesse aber wuchsen nicht bloss an Zahl, sondern auch an Länge. Im fünfzehnten Jahrhundert erreichten sie zehn Fuss, stiegen dann aber im sechzehnten bis auf achtzehn Fuss. Eine grössere Länge verbot die Handlichkeit, welche so schon ihre Schwierigkeit hatte, da der Landsknecht von seiner achtzehn Fuss langen Pike fünfzehn Fuss vor sich hielt und nur drei hinter sich. Der Schweizer hielt sie mehr in der Mitte.

Die lange Pike war gleich gut zum Stoss gegen den Reiter wie gegen das Fussvolk, und der Landsknecht war geübt und geschickt in ihrem Gebrauche. Kam es für ihn zum Nahkampfe bei aufgelösten Gliedern, so zog er das kurze, breite Schwert, das er meist quer vor dem Magen geschnallt hatte. Das Landsknechtsschwert durfte höchstens drei Schuh lang sein, sonst galt es eher für ein Hinderniss. Erst in der zweiten Hälfte des sechzehnten Jahrhunderts wurden auch im kaiserlichen Fussvolk die Schwerter länger, wie schon angegeben, nach dem Beispiele der Spanier, welche zum grossen Theile lange Degen und kleine Rundschilde (Rondatschen) führten, mit denen sie sich in den dicken Haufen hinein zu arbeiten suchten.

Die Mehrzahl der Landsknechte trug keinen Panzer, insbesondere nicht die Hellebardiere und die Schützen. Die Tendenz des Fussvolks ging ja auf Leichtigkeit und Beweglichkeit. Es waren daher schon die Schweizer ungepanzert. Da sie wie die Landsknechte in geschlossenen Gliedern fochten, im grossen geordneten Haufen, vom starren Wald der langen Spiesse umgeben, so schien das Schirm und Schutz genug zu sein. Nur die ersten und die letzten Glieder, welche der Stoss des Gegners unmittelbar treffen konnte, trugen eine Rüstung. Sie waren die Bevorzugten und wurden auch nach ursprünglicher Tendenz des Kaisers Maximilian dem Adel entnommen, alsdann wenigstens wohlhabenden Bürgern von guter Herkunft oder bewährten Kriegern. Sie erhielten auch Doppelsold. Bei der Musterung mussten sie in voller Rüstung erscheinen mit Helm in der Form des Eisenhutes, Brust- und Rückenpanzer, Armkacheln, Bauch- und Beinschienen oder Hüftklappen. Nur die Unterschenkel und die Füsse waren frei. Diese Rüstung trugen sie aber nur in der Schlacht; auf dem Marsche wurden sie auf Wagen mitgeführt.

Dasselbe war es mit dem Oberst und den Hauptleuten. Der Oberst trug die volle ritterliche Rüstung, der Hauptmann diejenige des Doppelsöldners, d. h. die Rüstung ohne die Bedeckung der Unterschenkel und der Füsse. Der Hauptmann war beritten, zum Gefecht aber stellte er sich zu Fuss an die Spitze seines Fähnleins und kämpfte mit, bewehrt, sei es mit Axt, Schwert, Hellebarde oder auch wohl mit dem Spiess.

Das Fähnlein der Landsknechte führte auch eine kleine Anzahl Schwertträger mit sich, bewaffnet mit dem gewaltigen Schlachtschwert, dem langen Zweihänder. Ihre Aufgabe war eine doppelte. Einmal mussten sie dem hellen Haufen vorauf den Kampf mit einleiten helfen und mit der langen und schweren Waffe die feindlichen Spiesse niederschlagen, um Bahn zu brechen. Und sodann wurden einige von ihnen auch zum Schutz der Fahne aufgestellt, welche der Fähndrich inmitten des Fähnleins trug. Die Fahne war gewaltig im Tuch, aber kurz im Stiel, wodurch sie handlicher zum Schwenken wurde. Gewandtes Schwenken war eine besondere Kunst und Geschicklichkeit.

Wie die Zweihänder, so waren auch die Hakenschützen gewöhnlich beordert die Schlacht einzuleiten. Sie waren bei den Landsknechten, namentlich in erster Zeit, an Zahl noch sehr gering und standen auch nicht in allzugrossem Ansehen. Oft hört man noch, selbst bis in den Anfang des sechzehnten Jahrhunderts, den gewandteren und schnelleren Bogen- und Armbrustschützen eine grössere Bedeutung beilegen. Die letzteren wurden daher keineswegs schnell durch das langsamere Feuergewehr ersetzt. Doch ging es schon wie eine Ahnung, dass der Feuerwaffe die Zukunft gehöre, daher ihre Ausbildung fort und fort weiter geführt und ihre Technik verbessert wurde, während man die Sehnenschusswaffen aufgab. Am frühesten machten die Spanier den ergiebigsten Gebrauch von der Handfeuerwaffe; bei Pavia (1525) trugen ihre im Verhältniss zahlreichen Arkebusiere wesentlich zur Entscheidung bei. Gegen die Mitte des Jahrhunderts trat der leichteren Hakenbüchse oder Arkebuse die schwerere und weiter tragende Muskete zur Seite. Da sie auf eine Gabel aufgelegt wurde, bot sie sicheren Schuss, doch war sie auch wiederum unhandlicher. Nichtsdestoweniger nahm die Feuerwaffe auch an Anzahl und Bedeutung zu, auch bereits in der Periode, welche hier in Rede steht, und bald nach der Mitte des sechzehnten Jahrhunderts kam es schon vor, dass die Schützen die Hälfte des Fähnleins bildeten.

Die Feuerwaffe hatte eine Zeit lang zur Folge gehabt, dass man die Rüstung immer stärker und stärker machte, so dass man aus dem sechzehnten Jahrhundert einzelne Rüstungsstücke, insbesondere Brustpanzer, von ausserordentlicher Dicke und Schwere findet. Selbst das Fussvolk suchte sich in der zweiten Hälfte des sechzehnten Jahrhunderts wieder zahlreicher die Brust zu panzern, als es in der ersten Hälfte bei den Landsknechten geschehen war. Nichtsdestoweniger ging die Tendenz der Zeit gegen diese Schöpfung des Mittelalters. Man musste nach und nach einsehen, — und um so mehr, je mehr Arkebuse und Kanonen in der Schlacht entscheidend mitwirkten — dass dennoch kein Panzer der Musketenkugel widerstehen könne und noch viel weniger der Wirkung der Artillerie.

Von dieser Einsicht wurde vor allem die Reiterei als die nächste Nachfolgerin der gepanzerten Ritterschaft getroffen, und es ist gewissermassen die Geschichte der Reiterei, d. h. ihrer Wehr und Waffen, eine Geschichte des Niedergangs, des Verschwindens der Rüstung. Wie das Mittelalter seit dem Jahr Tausend von Jahrhundert zu Jahrhundert arbeitet den ganzen Körper schuss-, stoss- und hiebsicher zu machen, ihn mit Eisen immer dichter und geschlossener einzuhüllen, bis endlich im fünfzehnten Jahrhundert der undurchdringliche „Krebs" fertig war, so lässt die moderne Zeit wieder Stück um Stück von der Rüstung fallen, bis zuletzt nichts als eine wenig romantische Tradition noch übrig ist. Und es ist bemerkenswerth, dass dieses Verschwinden der Rüstung, dieses Abfallen Stück um Stück von unten auf stattfindet. Fuss und Unterschenkel werden zuerst frei; dann Oberschenkel, Hüften und Arme.

Natürlich geht das nicht an allen Reitern gleicher Zeit gleichmässig vor sich. Es ist schon oben erzählt, wie aus dem Ritter und seinem Gefolge, oder vielmehr nach demselben, verschiedene Reitergattungen entstanden, die Anfangs zum Theil vereinigt das Fähnlein, die Reiterstandarte, bildeten, gleichwie das Fähnlein der Fussknechte aus verschiedenen Waffengattungen zusammengesetzt war, dann sich lösten und zu selbständigen Regimentern wurden. Ihre Verschiedenheit beruhte auf verschiedener Bewaffnung.

Von ihnen am nächsten kam dem adligen Rittersmann der „Lancierer". Er war sein eigentlicher Erbe an Ehre, wie an äusserer Erscheinung und Bewaffnung. Er kam aus dem Adel, führte die ritterliche Lanze, war vom Kopfe bis zum Fusse rittermässig in Eisen gerüstet und ritt einen gewaltigen Turnierhengst. Eben darum aber war die Ausrüstung theuer und so auch unter dem Adel nicht Jedermanns Sache. Der Lancierer wurden daher immer weniger an Zahl; sie waren schwer aufzubringen, und die veränderte Taktik, welche der leichteren und beweglicheren Reiter bedurfte, liess sie auch nicht mehr so nothwendig erscheinen. Sie waren schon mehr Ehre als Bedarf.

Ihnen zunächst an Wehr und Ansehen standen die Kürisser oder Kürassiere, wie der Name später wurde. Auch sie waren Anfangs vollgerüstet, doch liessen sie bald die hohen Stiefel an die Stelle der Eisenbedeckung treten. Statt der Lanze führten sie aber das Schwert, und dazu zwei Pistolen.

Die Feuerwaffe stieg zu Pferde, als statt der Lunte das Radschloss in Gebrauch kam. Erfunden war es schon im Jahre 1515, doch geschah seine Anwendung für den Reiter erst gegen die Mitte des Jahrhunderts. Mit dem Radschloss konnte die Arkebuse Reiterwaffe werden, und so entstand die dritte Reitergattung, der Arkebusier zu Pferde, der Carabinier. Er war ein leichter Reiter, recognoscirte und patrouillirte, und im Gefecht sprengte er an den Feind, schoss ab, schwenkte und ritt von dannen, um gleicherweise wiederzukommen. Er brauchte daher die Rüstung nicht mehr und liess sie weg.

Dazu entstand nun noch vor der Mitte des Jahrhunderts eine vierte Gattung, welche in aller Welt den Namen „deutsche Reiter" führte, ein Mittelding zwischen Kürassieren und Arkebusieren. Sie ritten leichte Pferde und harcelirten den Feind mit raschem Anlauf und fortwährendem Schiessen, worin die Glieder kommend und gehend sich ablöseten. Sie waren in der zweiten Hälfte des Jahrhunderts die Landsknechte zu Pferde, denn sie dienten überall und fochten namentlich in Frankreich unter dem Namen der reitres in den hugenottischen Kriegen. Aber wie die Landsknechte vorzugsweise dem Süden, so entstammten sie dem Norden Deutschlands. In den Ebenen Niedersachsens waren ihre Werbeplätze.

Ihre eigentliche Geschichte geht daher über unseren Zeitpunkt hinaus, wie überhaupt, wenn nicht die Entstehung, doch die fertige Ausbildung, die Vollendung der verschiedenen Reiterarten mit der Periode zusammentrifft, da der freie Landsknecht in den schulmässig dressirten und exercirten Soldaten übergeht.

IV.

Deutsche Kriegsleute von Nicolaus Meldemann und Hans Guldenmundt 1520 bis 1530.

(Erläuterungen zur ersten Abtheilung.)

ie fünfzig Holzschnitttafeln, welche diese erste Abtheilung bilden, sind nicht das Werk eines einzigen Künstlers, nicht eine einzige Folge, nicht selbstständig auf einmal als geschlossenes Ganze herausgegeben. Auch sind sie heute nicht in einem Besitze vereinigt, wenn auch beiweitem die grössere Zahl in einer einzigen Sammlung sich befindet. Eine grössere Anzahl trägt den Namen oder das Monogramm von Nicolaus Meldemann, eine kleinere diejenigen von Hans Guldenmundt: die Mehrzahl ist unbezeichnet.

Dennoch ist unverkennbar, dass die Blätter dieser ersten Abtheilung — das erste Blatt ausgenommen — inneren Zusammenhang haben. Sie entstammen einem und demselben Orte, einer und derselben Zeitepoche, deren Costüm die Figuren tragen, bezeichnete und unbezeichnete Blätter lassen die gleiche oder wenigstens durchaus die ähnliche Künstlerhand erkennen. Es kann kaum ein Zweifel sein, dass die nicht bezeichneten Blätter entweder von der Hand Meldemann's oder Guldenmundt's herrühren. Wir können uns daher wohl das Recht zusprechen, sie alle, wie geschehen ist, in einer Abtheilung zu vereinigen.

Das erste Blatt, wie schon angedeutet, gehört allerdings nicht dazu. Es ist ein Werk Hans Burgkmayr's, des Augsburgers, und trägt die Jahreszahl 1508; es ist somit älter als die Blätter jener Künstler. Aber es stellt den Kaiser Maximilian dar, den Begründer des kaiserlichen Kriegswesens jener Zeit, und so nimmt es um desswillen den ersten Platz an der Spitze unseres ganzen Werkes ein. Das unbemalte Originalblatt, dem es in Facsimile nachgebildet ist, befindet sich in der Sammlung des Feldzeugmeisters von Hauslab zu Wien.

Der gleichen Sammlung gehören von dieser ersten Abtheilung die folgenden Blätter an: 2 bis 30, 32 bis 35, 37 bis 43, 45 bis 47. Die Originalblätter zu 31, 36, 44 befinden sich in der kaiserlichen Hofbibliothek, diejenigen zu 48 bis 50 in der Albertina zu Wien. Die meisten dieser Blätter sind Unica oder höchstens noch in einem und dem anderen Exemplare erhalten, und nach diesen anderen sind sie theilweise bei J. Heller in den „Zusätzen zu Bartsch Peintre graveur" (p. 55 und p. 91 ff.) oder bei Passavant „le Peintre graveur" (p. 244, 247 ff.) beschrieben. Das Einzelne wie das Ganze erscheint hier zum ersten Male vereinigt wie vervielfältigt.

Beide Künstler, Meldemann wie Guldenmundt, waren Nürnberger. Sie waren Zeichner, Formschneider, Briefmaler, zugleich populäre Kunstverleger, und liessen auch illustrirte Druckwerke in die Welt hinausgehen. Die Zeit ihrer Thätigkeit fällt in die Jahrzehnte von 1520 bis 1550. Vielleicht begannen sie etwas früher schon; die genauen Jahreszahlen sind nicht bekannt. Die erste Publication Guldenmundt's datirt, soviel bekannt, von 1518. Sie haben sich, der Eine wie der Andere, auf einzelnen unserer Blätter mit vollem Namen genannt. So trägt eine Anzahl der Blätter (2, 6, 11, 12 u. a.) die Beischrift: „Nicklas Meldeman briefmaler zu Nürnberg bey der Langenbrucken"; Blatt 47 ist ebenso ausführlich von Guldenmundt gezeichnet: „Gedruckt zu Nürnberg durch Hans Guldenmundt bey den Fleisch Pencken." Andere Blätter wieder sind nur mit dem Monogramm M oder G, auch H G bezeichnet. Die nicht bezeichneten Blätter schreiben wir, wie gesagt, ebenfalls unbedenklich einem dieser beiden Meister zu, doch unterlassen wir es zu bestimmen, welchem der beiden jedes einzelne Blatt angehört. Im Allgemeinen kann man zwar sagen, dass Guldenmundt die sicherere Hand hat, namentlich in der Zeichnung der Hände und Füsse, aber auch die von ihm gezeichneten Blätter sind ungleich, und diejenigen Meldemann's kommen ihnen oft erstaunlich nahe, wovon die Verwendung derselben Holzschneider vielleicht die Ursache sein mag.

Ein anderer Umstand, welcher für die Zusammengehörigkeit oder die nahe Verwandtschaft der Meldemann'schen und Guldenmundt'schen, sowie vieler anderer der nicht bezeichneten Blätter spricht, ist derjenige, dass sie mit Versen der gleichen Art versehen sind, Versen, die denselben Dichter unverkennbar verrathen. Der Dichter ist Hans Sachs der Nürnberger (geboren 1494 und gestorben 1576), der auch andere Landsknechte und andere bildlich ausgestattete Druckwerke mit den Ergüssen seiner mehr fruchtbaren als poetischen Ader verziert hat. Wir werden ihm auch in unserem Werke noch wieder begegnen. Nicht alle Blätter freilich tragen Verse an ihrer Spitze. Nichtsdestoweniger werden sie dieselben gehabt haben. Sie fehlen nur zufällig den erhaltenen, vereinzelten Exemplaren, die uns zur Nachbildung vorgelegen. Bei einem der Blätter (33) ist ein Theil der Inschrift, die letzten Silben, weggeschnitten.

Ob eine Beischrift auch bei Blatt 31, welches den Obersten mit seiner Begleitung oder seinen Trabanten enthält, vorhanden gewesen, lassen wir dahingestellt. Dieses Blatt bildet auch insofern eine Ausnahme, als vermuthlich noch ein zweites Blatt, welches verloren gegangen, mit demselben verbunden war. Mit demselben würde die Serie von 50 (da das erste Blatt nicht dazu gehört) vollzählig gewesen sein. Doch ist es nicht gerade nothwendig solches anzunehmen. Unser Oberst scheint Graf Niklas Salm zu sein, welcher bereits ein berühmter Landsknechtsführer war, ehe er Wien so erfolgreich und rühmlich vertheidigte.

Ueberhaupt haben wir die auf unseren Blättern dargestellten Kriegsleute, wie ja auch oftmals die Ueberschriften und Verse aussagen, nicht als Schöpfungen der Phantasie, als typisch erfundene, sondern als wirkliche Persönlichkeiten zu betrachten, welche nach dem Leben von unseren Meistern gezeichnet, porträtirt worden sind. Es waren Kriegsleute, welche sich schon in den Kriegen des Kaisers Maximilian hervorgethan hatten, wenn sie auch erst nach seinem Tode für diese Blätter gezeichnet worden. Manche Beischriften geben die Namen der abgebildeten Persönlichkeiten, so Max Rosenauer (Bl. 4), Ulrich von Ulm (7), Klas Wintergrön (15), Heyne aus der Kirchgassen in Schwyz (25), Michael von Schorendorf (32) und Gall von Unterwalden, ebenfalls ein Schweizer (41). Die Verse wissen auch wohl von ihren Thaten zu erzählen oder von den Ländern, in welchen sie Kriegsdienste gethan haben. So kommt der Fähndrich Max Rosenauer (4) grade aus Hochburgund, der Feldwaibel (12) aus dem Geldernschen Lande, und der Büchsenschütz (21) hat Brabant passirt und in Schweden und England gedient, der Doppelsöldner (24) aber hat sich Ruhm in Frankreich erworben. Zwei andere, Klas Feldwaibel (14) und der Büchsenmeister (35) haben mit vor Pavia gekämpft.

Ohne Zweifel ist hiermit die berühmte Schlacht von Pavia gemeint (1524), in welcher Kaiser Karl V. seinen Gegner und Rivalen Franz I. von Frankreich schlug und gefangen nahm. Dieser Umstand giebt uns einen Anhaltspunkt für die genauere Bestimmung der Zeit, in welcher unsere Blätter gezeichnet, geschnitten und publicirt worden sind. Betrachten wir das Landsknechtscostüm allein auf den Grad seiner mehr oder minder reichen Ausbildung, so werden wir mit Sicherheit auf das Jahrzehnt zwischen 1520 und 1530 hingewiesen. Da nun aber der Schlacht von Pavia Erwähnung geschieht, so fällt die Abfassung in die Jahre von 1524 bis 1530. Das schliesst nicht aus, dass einzelne der Originale auch um einige Jahre früher nach dem Leben gezeichnet sein könnten, doch ist es nicht nöthig dieses anzunehmen. Es ist also in diesen Blättern bereits die volle Ausbildung des kaiserlichen Kriegsvolks repräsentirt, wie sie um 1530 durch Karl V. verfassungsgemäss festgestellt wurde.

Demgemäss finden sich auch auf ihnen so ziemlich alle Bestandtheile der kaiserlichen Armee, die verschiedenen Aemter und Waffengattungen, und ebenso erkennt man, aus was für Leuten sich die Truppe zusammensetzte, vom Edelmann bis zum Handwerker, welcher der Werkstätte entlaufen. Die Abbildungen geben den Obersten (31), den Oberstleutnant (19), verschiedene Hauptleute (48 und 50), den Fähndrich (4), den Rottmeister (16), den Wachtmeister (11), den Feldwaibel (12), den Profossen (5) und die Steckenknechte (23), den Schultheissen (9) und den Proviantmeister (13), den Quartiermeister (33) und den Musterschreiber (34), deren aller Amt und Wirksamkeit die beigesetzten Verse vermelden, sodann die verschiedenen Wappengattungen, die gemeinen Knechte mit dem Spiess, den Doppelsöldner mit dem Zweihänder (24), den Büchsenmeister (26) und den Büchsenschützen (21); auch der Feldarzt (27, 29) fehlt nicht.

Das Costüm unserer Blätter, wie schon angedeutet, steht auf der Höhe landsknechtischer Entwicklung. Die Aufschlitzung und Unterlegung der Schlitze (ohne noch zum Pludrigen herauszutreten) hat grösstmögliche Willkür und Phantastik erreicht. An Buntheit in Schnitt und Farben, an Bizarrerie schneiderlicher Ideen steht nichts zu wünschen. Das weitärmelige Wamms und die zerschlitzte, übergezogene Hose sind allgemein; so wie sie sind, gehören sie dem Jahrzehnt von 1520 bis 1530 an. Nur einige Male (so der Profoss Bl. 5, der Oberst Bl. 31, der Musterschreiber Bl. 34) findet sich noch der bis gegen das Knie herabreichende Rock der maximilianischen Zeit (1500 bis 1520), welcher von nun an der Schaube und dem kurzen Mantel weichen sollte. Die flachen, platten Schuhe haben vorn ihre höchste Breite erreicht, welche sie nach 1530 schon wieder zu mildern beginnen. Sie sind bei unseren Kriegsleuten geschlitzt und ungeschlitzt. Das Barett, die fast einzige Kopfbedeckung, hat seine grösste und grotesketste Gestalt erreicht, es zeigt sie aber in mannigfacher Form, immer breit, aber bald flach und schlaff, bald steif und aufrecht, rings mit mächtigem Gefieder umgeben oder vielmehr bedeckt. Sehr häufig (Bl. 6, 7, 29, 31 u. s. w.) ist es in Verbindung mit der Haarhaube oder Calotte, welche seine freie Gestalt nothwendig gemacht hatte. Einmal (auf Bl. 9) hat die Calotte die sonst sehr gewöhnliche Form eines Netzes. Das Haupthaar zeigt nicht mehr die in der letzten Zeit des Kaisers Maximilian (1510 bis 1520) besonders übliche „Kolbe", welche das Haar in einem graden Schnitt über der Stirne und mit einem zweiten tiefer im Nacken verschneidet; es ist zumeist rings über das Haupt sehr kurz geschoren. Der Bart tritt in gar verschiedener Gestalt auf, zumeist noch als kürzerer Vollbart, aber auch lang und wallend, oder blos als stattlicher Schnurrbart. Das Eine wie Andere steht vortrefflich zur abenteuerlichen Erscheinung, sowie zu den markirten, wetterharten Gesichtern, denen man das wilde, wandernde, wechselvolle Kriegsleben anzusehen glaubt. So waren diese Leute, wie wir sie sehen.

Ein Theil der Blätter, welche uns als Originale gedient haben, ist alt bemalt. Wir geben die Farben im Folgenden an:

2. Barett roth, Wamms gelb, Beinkleid wechselnd in roth, grün und gelb, Unterschenkel rechts roth, links gelb; die Schuhe schwarz wie immer.

3. Barett grün mit rothen Federn, Wamms und Beinbekleidung roth, unter den Schlitzen blau.

4. Barett roth mit schwarz, Wamms grün, Beinbekleidung rothbraun, links gelber Unterputz und am Unterschenkel rothe und weisse Streifen.

5. Barett roth, Calotte blau; Rock weiss mit roth besetzt, das vortretende Wamms gelb, mit blau unterlegt; goldener Saum am Halse, Unterschenkel blau und gelb gestreift mit rothen Kniemaschen, goldene Kette, grünes Schwertgehenk.

6. Barett wechselnd schwarz und roth, Calotte blau; Wamms auf Schultern und Rücken gelb, die Aermel grün mit schwarz; Beinbekleidung grün mit roth unter dem Ueberzug und rothen Kniemaschen (oder Kniebändern).

7. Barett roth und blau wechselnd; Wamms und Beinbekleidung rechts gelb und links blassroth mit rothen und blauen Streifen darunter, welche an den Oberschenkeln wechseln, während auf dem rechten Aermel roth, auf dem linken blau herausscheint.

8. Barett roth, Calotte blau; das Wamms weiss mit blau darunter; Beinkleid blau und weiss gestreift, rechts mit rothem Ueberzug, links mit rothem Besatz; grüne Kniebänder.

9. Der Profoss: Barett roth mit netzartiger rother und gelber Calotte, grünes Band und grüner umgelegter Kragen des rothen Wammses; Rock ebenfalls roth, blau besetzt; Beinkleid roth; grüne Kniebänder; rothes Schwertgehenk.

Die Frau: Barett blau, Haarhaube weiss; grünes Kleid mit rothem Besatz unten und an den Händen; rother Kragen (Goller) mit weissem Pelzrand; Unterkleid gelb mit rothem Randbesatz.

11. Barett braunroth; Wamms blau und weiss gestreift; Beinkleidung blau und weiss mit rother Ueberzughose; gelbes Schwertgehenk und gelbe Kniebänder.

12. Barett blau; Wamms und Beinbekleidung roth und weiss gestreift, zwischen den Schlitzen der letzteren grün; rechts blaues, links gelbes Knieband; gelbes Schwertgehenk.

13. Barett roth; die ganze Bekleidung von Kopf zu Fuss roth und gelb gestreift; die Schlitze dunkelblau, die Kniebänder grün.

14. Barett roth; Aermel des Wammses und die Beinbekleidung gelb, erstere roth unterlegt; der geschlitzte Ueberzug auf Brust und Beinen blau und weiss gestreift; auf der Brust mit rothen Schlitzen in weiss; rothe Kniemaschen und rothes Schwertgehenk.

15. Clas: Barett, welches auf dem Rücken hängt, grün mit rothem Bande und schwarzer Feder; die rechte Seite an Wamms und Beinkleid gelb mit schwarz (stellenweise tritt roth unten hervor), die linke purpurroth mit blau zwischen den Schlitzen.

Sohn Heinz: Filzbarett, schwarzes Wamms mit einem blauen und einem rothen Aermel; gelbe Beinbekleidung am Oberschenkel; rechter Unterschenkel blau, linker roth.

16. Barett blau mit roth; die Kleidung in rechts und links getheilt; rechts schwarz und gelb, links weiss und blassroth gestreift; aus den Oeffnungen rechts roth, links blau durchscheinend.

21. Barett, auf dem Rücken hängend, roth mit rothem Bande; das Wamms grün, aus den Schlitzen roth durchscheinend; das Beinkleid rechts auf Hüfte und Unterschenkel und links auf dem Oberschenkel blau und weiss gestreift, die übrigen Theile roth; Kniemaschen grün.

22. Barett blau mit Goldverzierung, geschlitzte Calotte zinnoberroth; Hemd weiss mit Goldverzierung; Wamms und Beinkleid im Ueberzug blassroth, darunter auf Brust und Armen blau, die Beine rechts blau, grün, gelb, links grün und weiss gestreift; Kniemaschen roth, Schwertgehenk grün.

23. Steckenknecht zur Linken: Barett roth mit blauem Bande; Wamms grün mit roth zwischen den Oeffnungen; Oberschenkel roth mit weissen Streifen links; Unterschenkel grün; Kniemaschen gelb.

Steckenknecht zur Rechten: Barett weiss mit blau; Wamms roth mit blau zwischen den Oeffnungen; Aermel blau und weiss gestreift; Beinbekleidung links oben und unten blau und weiss, in der Mitte gelb und roth gestreift, rechts oben und unten weiss, in der Mitte gelber Ueberzug über roth; beide Stecken roth und weiss umzogen.

24. Barett roth mit grüner Feder; die Kleidung gekreuzt, zieht sich in blauen und weissen Streifen von der linken Hand über Schulter und Brust bis zu den Füssen herab; zwischen den Oeffnungen erscheint roth; der rechte Arm mit dem anstossenden Theile der Brust und das linke Bein gelb im Ueberzug, darunter dunkelroth; rothe Kniemaschen.

25. Barett zinnoberroth, Wamms purpurroth, weiss unterlegt, die Beinbekleidung gelb, links mit blauen Streifen und zwischen den Oeffnungen roth; Hemd weiss.

26. Barett roth mit grünem Band; Wamms schwarz mit lichten grauen umgeschlagenen Kragen, die Aermel rechts roth mit blau unterlegt, links (von aussen her) blau, gelb, roth, blau gestreift; Hemd mit goldenem Saum; die Beinbekleidung rechts oben und unten grün, am Oberschenkel blassroth, links blau, roth, gelb, blau gestreift; Knieband rechts roth, links grün.

27. Der Arzt: Barett blau mit Goldmedaillon; Hemd mit goldenem Saum, rothes Wamms; die Beinbekleidung rechts roth und weiss gestreift und mit blau zwischen den Oeffnungen, links gelb mit roth dazwischen; grünes Schwertgehenk.

Der Diener: Barett blau; Wamms schwarz mit gelben Aermeln; Beinkleid gelb und blau auf beiden Beinen (die Oberschenkel eines blau, das andere gelb); die Tasche roth, das Futteral schwarz, inwendig roth.

28. Der Knecht: Barett purpurroth, die Kleidung linker Arm und rechtes Bein (sammt Rückentheil) blau mit roth zwischen den Oeffnungen; die andere Hälfte gestreift in roth, gelb, weiss, roth, mit grün zwischen den Schlitzen; Kniemaschen links roth, rechts blau.

Der Bub: Barett grün; Wamms roth mit blau in den Schlitzen; die Beinbekleidung oben und unten gelb, fleischfarbig an den Oberschenkeln; Kniemasche blau.

32. Barett zinnoberroth; die Aermel grün und rosa gestreift mit blau in den Schlitzen und dunkelroth über den Schultern; Beinbekleidung grün mit blau darunter; Knieband roth mit goldenem Saum; braunes Pferd mit schwarzem Zeug.

33. Barett blau mit rothen und gelben Federn, Calotte roth; Wamms dunkel purpurroth, Beinbekleidung blau und gelb gestreift mit blassroth darunter; rothes Knieband; graues Pferd, schwarzes Zeug mit rothen und gelben Quasten.

34. Barett blau, Calotte gelb; Rock roth mit grünem Besatz; Beinbekleidung schwarz und oben blau; rothe Satteltasche; schwarzes Pferd, schwarzes Zeug, die Quasten grün mit gelben Knöpfen.

35. Barett blau, Calotte roth; die Kleidung roth mit ledergelbem Wamms darüber, und an den Oberschenkeln grün unter den Schlitzen; Knieband grün mit Gold. An der Kanone und den Geräthen die Farben nach der Natur des Metalles (Bronze und Eisen) oder des Holzes.

36. Der Hauptmann: Barett blau; Mantel blau mit gelb; die übrige Kleidung roth, schwarze Stiefel.

Der Knecht: Hut grün; Wamms roth; rechtes Bein blau, linkes gelb; Stiefel schwarz. Das Pferd braun mit schwarzem Zeug.

38. Barett roth mit weisser Feder; die Bekleidung rechts im geschlitzten Ueberzug grün mit roth darunter, rechts desgleichen weiss mit roth, rothe Kniebänder.

39. Barett hellroth mit dunkelroth und gelbe Calotte; lederfarbenes Wamms; die Aermel links blau mit roth, rechts roth und weiss gestreift mit grün zwischen den Schlitzen; die Beinbekleidung abwechselnd einfach blau oder roth und weiss gestreift.

41. Barett blau, das Wamms gelb in den Streifen mit roth darunter, die Beinbekleidung rechts gelb mit roth darunter, links blau und weiss gestreift, gleichfalls mit roth darunter; rothe Kniebänder.

43. Der Mann: Barett weiss, Calotte roth; Lederkragen und Lederhüftstücke; Wamms gelb mit roth darunter; die Beinbekleidung wechselnd roth und blau gestreift oder gelb mit roth darunter; Knieband rechts grün, links gelb.

Die Frau: Barett roth und blau, Haube und Hemd weiss; rother Goller, grünes Kleid mit gelb an den Händen und unten mit rothem Besatz, weisse Strümpfe.

47. Brauner Filzhut; Mäntelchen braun mit grünem Futter; das Wappen darauf in weiss und roth (links), in gold und schwarz; rothes Wamms; Beinbekleidung von grauer Leinwand mit grünen Kniebändern.

V.

Landsknechte von David de Necker.

(Erläuterungen zur zweiten Abtheilung.)

enn es bei den fünfzig Blättern der ersten Abtheilung vielleicht zweifelhaft bleiben konnte, ob sie in Wirklichkeit einmal eine bestimmte zusammengehörige Folge gebildet haben, so ist bei diesen fünfzig Blättern der zweiten Abtheilung jeder Zweifel ausgeschlossen. Sie tragen nicht blos sämmtlich die gleiche Unterschrift des Druckers und Formschneiders, nämlich: „Gedruckt zu Wien in Oesterreich, durch David de Necker Formschneider, mit Röm. Kay. Mtx. gnad vnd freyheit nit nachzudrucken", sondern sie sind auch in ununterbrochener Folge von eins bis fünfzig numerirt. Die Zusammengehörigkeit wird ferner bezeugt durch die Gleichartigkeit der künstlerischen Arbeit und den gleichen Charakter der begleitenden Verse, sowie durch die gleiche Randverzierung.

Trotzdem ist es nur ein einziges Exemplar, welches sich in ganzer Vollständigkeit erhalten hat. Ja, man ist versucht zu glauben, dass es überhaupt — aus welchen Gründen immer — das einzige Exemplar gewesen und geblieben, und das Werk niemals in den Handel gekommen. Indessen ist allerdings vor einer Reihe von Jahren ein zweites Exemplar zu Wien in einer Auction aufgetaucht. Ihm fehlten aber mehrere Blätter, und wohin es gekommen, konnten wir nicht erkunden. Es mag einstweilen als verschollen gelten. Sonst finden sich nur einzelne Blätter. Dreiunddreissig Blätter, leider sehr beschnitten, befinden sich in der Fideicommissbibliothek des Herausgebers dieses Werkes auf Schloss Grafenegg, ein Blatt, und zwar ein colorirtes (Bl. 23 der Folge), besitzt das österreichische Museum in Wien; von weiteren haben wir nichts in Erfahrung bringen können.

Jenes einzelne vollständige Exemplar bildet eine der Kostbarkeiten in den reichen Sammlungen Seiner Excellenz des Feldzeugmeisters von Hauslab in Wien. Es ist völlig unversehrt, wie aus der Hand des Schöpfers, das Papier der Blätter noch unbeschnitten, der Rand noch mit seinem Bart versehen.

Wann und durch wen nun ist dieses Werk entstanden? Durch wen es gedruckt worden, besagt die bereits citirte Unterschrift der Blätter. Sie sagt aber nicht, ob David de Necker, der allerdings Formschneider genannt wird, auch der Zeichner dieser Blätter war, noch ob er sie in Holz geschnitten hat. Welcher Zeit die Zeichnungen und mit ihnen auch die Holzstöcke angehören, darüber kann kein Zweifel sein. Die Costüme sowohl wie die ganze künstlerische Art zeigen in Uebereinstimmung zu deutlich das Gepräge des charakteristischen Jahrzehnts von 1520 bis 1530, um an irgend eine andere Zeit denken zu lassen. Zudem, wie wir noch genauer sehen werden, sind einzelne Figuren dieser zweiten Abtheilung nur Wiederholungen von Figuren Meldemann's und Guldenmund's in der ersten Abtheilung, und einzelne der Verse wiederholen sich, wenn sie auch anderen Figuren zugetheilt sind.

Daraus ist nur zu schliessen, dass zwischen den Blättern der ersten und denen der zweiten Abtheilung Beziehungen stattgefunden haben, wobei sich die Frage erhebt, welches waren die eigentlichen Originale, diejenigen unserer zweiten Abtheilung oder diejenigen von Meldemann und Guldenmund? Wenn man die Vergleichung anstellt, so wird man sich der Wahrnehmung nicht verschliessen können, dass die Bilder der zweiten Abtheilung, durchweg gleichmässig in ihrer Art, künstlerisch die besseren sind. Dadurch ist man versucht, diese für die Originale zu halten, davon jene beiden genannten Künstler wenigstens einzelne zu copiren sich erlaubten.

Allein das Wenige, was wir vom Leben de Neckers wissen, lässt uns diese Auffassung wenigstens in zweifelhaftem Lichte erscheinen. Wenn wir erfahren, dass David de Necker erst viel später in Wien anwesend war, so möchte man vermuthen, dass er die schon früher entstandenen Stöcke mitgebracht und erst in Wien zum Abdruck gebracht habe, erst zu einer Zeit, als die Landsknechte oder die von ihm dargestellten Kriegsleute bereits andere Gestalt und anderes Costüm angenommen hatten, zu einer Zeit, als die von ihm dargestellten Figuren bereits historisch geworden und so an Interesse verloren hatten. Das würde einigermassen auch die Seltenheit des Werkes erklären.

David de Necker, über dessen Arbeiten Nagler in den „Monogrammisten" (II nr. 1259) verschiedene Mittheilungen macht, war der Sohn jenes Jobst oder Jost de Necker (auch Denecker, Dienecker, de Negker), welcher zu Augsburg vorzugsweise an dem Schnitt der grossen Holzschnittwerke des Kaisers Maximilian beschäftigt gewesen war, Christ in der „Auslegung der Monogrammatum" S. 167 schreibt dem Sohne David dieses Monogramm zu ⅅℕ und nach ihm haben es dann verkleinert auch Brulliot, Heller und Nagler mitgetheilt. Doch lässt der letztere es zweifelhaft, ob es ihm wirklich angehöre.

Im Jahre 1561 veranstaltete er eine neue Ausgabe des Todtentanzes von seinem Vater Jost de Necker unter der Adresse:

"Gedruckt in der löbl. Reychsstatt Augspurg durch David Denecker Formschneider."

Erst im Jahre 1566 erscheint er in Wien, wo er für den Kaiser Maximilian II. arbeitete. Doch kann er nicht sehr lange geblieben sein, denn im Jahre 1572 besorgte er zu Leipzig die vierte Ausgabe des eben erwähnten Todtentanzes in 42 Blättern 4. 1579 wird ein zweiter Aufenthalt in Wien bekundet durch das Werk: Ain Newes Unnd kunstlich schönes Stamm und Gesellen Büchlein, Gedruckt zu Wien in Oesterreich 1579 Durch David de Necker Formschneider. Das Werk ist in Quartformat.

Bis auf Weiteres, d. h. bis die Auffindung neuer Nachrichten die Zweifel und Fragen aufhellt, bleibt es uns freigestellt anzunehmen, entweder, dass David de Necker das von uns in dieser zweiten Abtheilung wiedergegebene Kriegsbuch bei einer früheren uns unbekannten Anwesenheit in Wien habe drucken lassen, oder dass er den Druck bei seinem bezeugten ersten oder zweiten Aufenthalt in Wien besorgt habe. Wenn dieses geschehen ist — und es ist wohl das wahrscheinlichste — so sind doch Zeichnungen und Holzstöcke in jedem Falle viel früher entstanden, und zwar zu jener Zeit, welche die Costüme selbst angeben, also zwischen 1520 und 1530. Dieses können wir als feststehend betrachten. Nicht das geringste Zeichen lässt sich aus den Figuren oder dem Texte der Verse entnehmen, das dem widerspräche.

Trotz der angedeuteten Wiederholung einzelner Figuren ist das Hauslab'sche Exemplar in seiner Vollständigkeit von uns reproducirt und facsimilirt worden. Der Herausgeber konnte sich nicht entschliessen, ein so merkwürdiges Exemplar mit Lücken wiederzugeben und seine Vollständigkeit zu zerstören.

Die Figuren, welche sich wiederholen, sind die folgenden:

1. Der „Furier Clement Hederlein" auf Blatt 6 unserer zweiten Abtheilung ist jedenfalls Hans Guldenmund's „Rotmeister" auf Blatt 16 der ersten Abtheilung, wenn auch dort (auf Blatt 6) Kopf und Barett reicher und besser ausgeführt sind.

2. „Michel Seltenler der Feldwaibel" (Bl. 7 der 2. Abth.) ist Meldemann's „Feldwaibel" (Bl. 11 der 1. Abth.), wiederum mit einigen Veränderungen, welche beweisen, dass nicht derselbe Holzstock benützt worden, sondern von beiden Seiten eine freie Copirung stattgefunden hat.

3. Der „Fähndrich Enderle Seltenfried" (Bl. 10 der 2. Abth.) ist Guldenmund's „Max Rosenauer" (Bl. 4 der 1. Abth.), nur hat dieser Künstler seinem Fähndrich das Barett auf das Haupt gesetzt, während der andere es am Nacken hängend trägt. Auch die Verse sind verschieden.

4. „Liendl alle tag" (Bl. 34 der 2. Abth.) hat so viel Aehnliches, ja Gleiches mit der unbenannten Figur auf Bl. 10 der 1. Abth., dass auch hier, wenn nicht eine Copirung, doch eine sehr starke Benützung stattgefunden hat. Der Copie ist ein ganz anderer Kopf aufgesetzt worden.

5. „Fabian Ruckherzu" (Bl. 36 der 2. Abth.) ist dieselbe Figur wie auf Bl. 17 der 1. Abth., nur hat Fabian einen Bart, sein Ebenbild aber nicht.

6. „Vli suchen trunck" (Bl. 38 der 2. Abth.) findet nur mit verändertem Barett sich wieder auf Bl. 40 der 1. Abth.

Wie die Figuren, so sind auch Hans Sachsens begleitende Verse beiderseitig frei benützt worden. Das Werk David de Neckers gibt sie im Hauslab'schen Exemplar alle vollständig. Bei den Figuren Meldemann's und Guldenmund's sind sie auf den vorhandenen Blättern nur theilweise verwendet. Aber nicht immer sind die gleichen Figuren von den gleichen Versen begleitet, wie dies allerdings bei den beiden Proviantmeistern (Bl. 13 der 1. und Bl. 8 der 2. Abth.) der Fall ist, wo alles gleichlautet bis auf den Namen der Stadt Neaplis, welche bei David de Necker Applas heisst. Bei den beiden schon erwähnten Fähndrichen Enderle Seltenfried und Max Rosenauer sind die Verse ganz verschieden. Von den Versen zu „Herman Niemantsgsell" (Bl. 18 der 2. Abth.) ist die zweite Strophe bei Meldemann's Büchsenschützen (Bl. 21 der 1. Abth.) benützt, und so musste „Bartl zalt nicht vill" seine ersten sechs Zeilen an den Büchsenmeister auf Bl. 26 der 1. Abth. abgeben (oder umgekehrt). Auch von „Bartl Unverzagt" (Bl. 27 der 2. Abth.) sind wieder sechs Zeilen für Guldenmund's Doppelsöldner (Bl. 24 der 1. Abth.) verwendet worden. „Paul Guterding" (Bl. 33 der 2. Abtheilung) hat mit kleiner Veränderung seinen ganzen Reim dem Edelmann auf Bl. 38 der 1. Abth. leihen müssen, und der bereits genannte Fabian Ruckherzu hat sie an den Schweizer „Heine aus der Kirchengasse" (Bl. 25 der 1. Abth.) hergegeben.

Vergleicht man nun auch noch die Namen, welche die Kriegsleute der ersten Abtheilung tragen, mit denen, welche den Helden der zweiten Abtheilung beigelegt sind, so wird man auch darin einen charakteristischen Unterschied finden. Jene erscheinen wie die wirklichen Namen der Träger, diese aber wie Phantasienamen, um nicht zu sagen allegorische Namen, die vom Dichter oder Herausgeber erfunden worden, höchstens wie Spitznamen, die ohne Zweifel auch von dieser Art im Leben der Landsknechte vorkamen. So „Bartl zalt niht vill," „Jäckl friss umsunst," „Caspar spring in d'Zech" u. s. w., alle miteinander tragen diesen Charakter. Auch daraus lässt sich wohl schliessen, dass, wenn auch nicht Zeichnung und Formschnitt, doch die Herausgabe dieser fünfzig Blätter durch David de Necker eine spätere ist. Es sprechen endlich auch die Randverzierungen dafür, welche einen späteren Stil der Ornamentation zeigen als den der Jahre 1520 bis 1530.

Wie die erste Abtheilung den Kaiser Maximilian zum Titelbild erhalten hat, so ist der zweiten Abtheilung in entsprechender Weise ein Bild vorgesetzt worden, welches in einem Holzschnitt von M. Ostendorfer vom Jahre 1534 den Pfalzgrafen Friedrich bei Rhein und Herzog von Bayern darstellt. Es ist einem seltenen Werke entnommen, das sich ebenfalls in der Hauslab'schen Sammlung befindet: Warhafftige Beschreibung des andern Zugs in Oesterreich wider den Türcken.... gedruckt zu Nürenberg durch Iheronimum Formschneyder 1539.

Der Pfalzgraf und nachheriger Kurfürst, gestorben 1559, dessen Namen nebst grossem Wappen sich auf der Gegenseite befindet, trägt noch Rüstung und Waffenrock, wie sie in den letzten Jahren des Kaisers Maximilian schon gebräuchlich waren, und ebenso stimmen seine Kopftracht, sein Bart, sein Barett mit der Calotte noch vollkommen zu der Tracht unserer Landsknechte. Und diese wieder, wie sie die zweite Abtheilung darstellt, gehört ganz der Blüthezeit des landsknechtischen Costümes an. Der frühere Charakter, derjenige der Aufschlitzung im Gegensatz zur späteren Pludertracht, steht in höchster Blüthe, ja erscheint an manchen Beispielen entwickelter, ausgelassener noch in phantastischer Richtung als bei den Kriegsleuten Meldemann's und Guldenmund's. Dies ist z. B. bei dem Proviantmeister auf Blatt 8 der Fall, welcher Wamms und Beinkleid in Herzen, Halbmonden und Sternen ausgeschnitten hat; ebenso bei den Figuren auf Blatt 16, 19, 45 und 50. —

VI.

Offiziere und Soldaten aus dem Kriegsbuch des Grafen Reinhart Solms nebst anderen Kriegsleuten.

(Erläuterungen zur dritten Abtheilung.)

iederum sind es fünfzig Blätter, welche vereinigt die dritte Abtheilung bilden, fünfzig Blätter, aus dem gleichen Gesichtspunkt erwählt und zusammengestellt, doch verschiedenen Quellen entnommen und diesmal auch verschiedenen Zeiten angehörig. Sie zerfallen in zwei Hälften, die erste mit den Kriegsleuten der ersten Abtheilung nach Zeit, Herkunft, Costüm übereinstimmend und eine Ergänzung zu ihnen bildend, die andere eine geschlossene und vollständige Reihe, ein Vierteljahrhundert jünger, sämmtlich Illustrationen zu dem Kriegsbuch des Grafen Reinhard Solms. Während die Blätter der ersten Hälfte (mit der ersten Abtheilung) den Zustand des Kriegsvolks in den letzten Jahren des Kaisers Maximilian repräsentiren, also die erste voll entwickelte Zeit und Art des Landsknechtswesens, gehören die anderen dem letzten Jahrzehnt Kaiser Karl's V. an. Mitten inne zwischen beiden stehen die Kriegsleute der zweiten Abtheilung, so dass unser Werk in drei verschiedenen, einander folgenden Epochen das Kriegsvolk des heiligen römischen Reichs deutscher Nation zur Darstellung bringt.

Wir geben im Folgenden zunächst Inhalt und Herkunft der einzelnen Blätter in ihrer Reihenfolge und werden sodann noch einige costümliche Bemerkungen folgen lassen.

1. St. Georg der Drachentödter als „Vorkämpfer der christlichen Ritterschaft" (Christianorum militum propugnator) zu Pferde in Tracht und Harnisch der Zeit von 1510 bis 1520, Helm und Pferdedecke mit dem Kreuz des Johanniterordens geschmückt. Das Blatt trägt den Namen Hans Burgkmair's, des Zeichners und auch des Formschneiders, sowie den Jost de Negker's, des Herausgebers. Das Blatt ist nicht gerade selten, da es sich in mehreren Sammlungen befindet.

2. Oberster Hauptmann über den ganzen hellen Haufen, von zwei Trabanten begleitet. Das Original dieses Blattes befindet sich in der Albertina zu Wien und ist vielleicht ein Unicum; wenigstens ist uns kein zweites Exemplar bekannt. Es stimmt völlig zu den Holzschnitten Meldemann's in unserer ersten Abtheilung, und ebenso sind die beigefügten Verse ohne Zweifel von Hans Sachs.

3. Ein Hauptmann. Eine durchaus edle Figur in der reichen und ausgebildeten Tracht gegen das Jahr 1520, wahrscheinlich eine Zeichnung von Guldenmund. Auch von diesem Blatt, sowie von dem folgenden (4) befindet sich das Original in der Albertina.

4. Ein Büchsenschütz. Eine in Haltung und Zeichnung schon aus der ersten Abtheilung bekannte Figur, doch eine Variante derselben im Costüm, ohne Zweifel auch desselben Urhebers.

5. Ein Hauptmann, in Rüstung und sonstiger Tracht völlig dieser Zeit gegen 1520 entsprechend. Das Original ist ein Holzschnitt Hans Schäuffelein's, doch wurde es so weit vergrössert, um den übrigen Figuren dieses Werkes conform zu sein.

6. Ein Fähnrich. Ebenfalls eine Arbeit Schäuffelein's, dessen Zeichen und Monogramm das Blatt trägt. Das Original befindet sich gleich den Blättern 5 und 7 auf der Bibliothek des Stiftes Göttweih in Niederösterreich.

7. Ein Landsknecht. Gleichfalls, wie das Zeichen der Schaufel erkennen lässt, eine Arbeit Schäuffelein's aus den Jahren 1510 bis 1515, dem auch noch die beiden folgenden ausgezeichneten Blätter 8 und 9 angehören.

8. Drei Büchsenschützen auf dem Marsche, drei wohlbewehrte Gesellen, deren Costüm noch einer verhältnissmässig frühen Zeit, etwa dem Jahre 1510, entspricht. Dasselbe ist der Fall mit dem folgenden Blatt.

9. Ein Weibel und ein Knecht. Blatt 8 und 9 tragen das wohlbekannte Zeichen des genannten Meisters; ihre Originale befinden sich in der Sammlung des Feldzeugmeisters von Hauslab, dessen unter dem Fortgange dieses Werkes eingetretenen Tod wir heute zu beklagen haben.

10. Ein Reisiger und ein Knecht. Der Reiter in voller ritterlicher Rüstung, den Helm von mächtigen Federn umwallt, der Fussgänger, leichtgekleidet im Costüm von 1510 bis 1515, zur Seite des Pferdes rasch dahin schreitend. Das Original dieses Blattes (ebenfalls in der Hauslab'schen Sammlung befindlich) ist wie alle sonst vorkommenden Exemplare ein Clairobscur in zwei Platten gedruckt. Aus der Tonplatte ist das Zeichen des Meisters ausgeschnitten, daher es sich weiss auf den Blättern befindet, und zwar auf jener Tafel, welche links auf dem Boden liegt. Unsere Copie, welche nur den schwarzen Holzschnitt wiedergibt, musste es daher hinweglassen. Das Zeichen ist dasjenige des sogenannten „Meisters mit den Pilgerstäben", eines noch immer räthselhaften oder vielmehr unbekannten Künstlers, den man um seines Zeichens willen auch wohl Pilgram nennt oder selbst mit Vornamen als Johann Ulrich Pilgrim bezeichnet, oder auch für den Formschneider Wächtlin halten will. Es ist hier nicht unsere Sache, diesen Streit zu erörtern, noch zu entscheiden. Das Blatt ist interessant

und gehört nach Zeit, Art und Herkunft zum Gegenstande dieses Werkes.

11, 12, je einen Büchsenmeister darstellend, beides Titelblätter zu den Ausgaben des Vegetius de re militari, die erste vom Jahre 1511, die andere etwa ein Jahrzehnt später; die Beinbekleidung namentlich lässt deutlich den Unterschied der Zeit erkennen. Die Originale gehören ebenfalls der Hauslab'schen Sammlung an.

13. Ein Landsknecht, von rückwärts; um des Costümes, namentlich der Beinbekleidung willen erwählt und vergrössert nach einem Blatt des Weisskunigs von Burgkmair.

14. Ein Oberst zu Pferde, begleitet von einem Trompeter zu Pferde und vier Trabanten zu Fuss.

15. Ein Landsknecht, mit beigesetzten Versen, die ihn Martin Wildeman nennen, wohl ein Spitzname, wie wir deren mehrere schon haben kennen lernen. Die Originale beider Blätter befinden sich in der Hauslab'schen Sammlung; sie sind von verschiedenen unbekannten Meistern.

16—23. Eine zusammengehörige Reihe von Landsknechten mit ihren Führern, deren Originalblätter die Albertina besitzt. Sie gehören derselben Zeit an wie Burgkmair's Triumphzug des Kaisers Maximilian, also dem Jahrzehnt von 1510 bis 1520. Der Meister ist unbekannt. Von ihnen stellt Bl. 16 einen Hauptmann mit zwei Trabanten dar, Bl. 17 einen Haufen von Schützen, dem zwei Knechte mit Hellebarden vorangehen; die Gruppen schreiten je zu fünf. Es folgen auf Bl. 18 eine zweite Gruppe von Schützen und eine Gruppe wohlgerüsteter Doppelsöldner mit langen Spiessen; desgleichen auf Bl. 19 zwei weitere Gruppen, aber in gewöhnlichem Costüm ohne die Rüstung. Bl. 20 enthält eine Gruppe mit Hellebarden und eine zweite mit zweihändigen Schlachtschwertern; auf Bl. 21 folgen Trommler, Pfeifer und Fähnrich, denen auf Bl. 22 eine Gruppe mit Hellebarden und eine zweite mit langen Spiessen nachschreiten. Bl. 23 schliesst den Zug mit drei Reitern.

Von Bl. 24 oder eigentlich von Bl. 25 angefangen bilden alle folgenden Blätter bis zum Schlusse dieser dritten Abtheilung ein zusammenhängendes Ganze. Es sind, wie schon angedeutet, Illustrationen zu dem grossen Kriegsbuche des Grafen Reinhart zu Solms, welches im Jahre 1559 in Druck erschien. Das Exemplar, welches für dieses Werk benützt worden, gehört der Hauslab'schen Sammlung. Ein zweites durchaus vollständiges Exemplar befindet sich auf der kaiserlichen Hofbibliothek in Wien. Es ist bestens erhalten und besteht (ausser einem eingeschalteten Abschnitt über das burgundische Kriegswesen) aus acht Büchern, jedes mit einem selbstständigen Titel, alle aber mit der Jahreszahl 1559 und dem Wappen und Namen des Urhebers. Der Titel des ersten Buches lautet:

„Das erst Buch. Dieses Buch vnd Kriegsbeschreibung ist vermelten vnd berichten einer guten ordentlichen Kriegsregierung, nach alter Teutschen ordnung, gebrauch vnd herkomen, mit andern noch büchern von aller Kriegsregierung vnd Rüstung so zu dem Krieg gehört. Anno Domini 1559."

Es folgt dann die Dedication mit dem Bilde desjenigen, dem das Werk dedicirt ist, nämlich Philipp's II. von Spanien, unterzeichnet von Reinhart dem Aelteren, Grafen zu Solms und Herrn zu Münzenberg, und mit dem Datum Lich (wo die jüngere fürstliche Linie der Solms noch heute residirt) und der Jahreszahl 1559.

In dieser Dedication wird Philipp, der Sohn Karl's V., mit dem Titel König von England und Prinz in Spanien bezeichnet.

Beides ist auffallend, denn es steht im Widerspruch mit dem Datum. Seit dem Jahre 1558, dem Tode seiner Gemahlin Maria, Königin von England, konnte sich Philipp nicht mehr König dieses Landes nennen, der er eigentlich auch nie gewesen war. Seit dem Jahre 1556 aber war er wirklicher König von Spanien, wie doch dem Grafen Solms, einem kaiserlichen, von Karl V. viel verwendeten General, im Jahre 1559 bekannt sein musste. Es scheint daher, als ob die Dedication bereits 1553 oder 1554, höchstens 1555 geschrieben, für welche die obigen Titel allenfalls passen, und bei dem Druck im Jahre 1559 die nothwendige Aenderung der Titulatur übersehen worden. Das Werk selbst, wie gleich angegeben wird, war als Manuscript noch älter.

Das zweite Buch, dem alle folgenden Abbildungen von Bl. 26 an entnommen sind, führt den Titel:

„Das ander Buch. Beschreibung der vier vnd zwentzig Kriegsämpter, darinn angezeigt wird, wie sich ein jeglicher in seinem Amt halten soll, damit ein grosser oder rechter Krieg mög nach altem Teutschen hergebrachtem Gebrauch, regiert werden. Bei Keyser Maximiliano hochlöblicher vnd seliger gedechtnuss zeiten. Durch Herr Jörgen von Fronspurg, Herr Merck Sittig von Ems, Herr Castel Alter, Herr Conrad von Beimwelburg (d. i. Bemmelberg), Herr Dieterich Spetten vnd andere Kriegsverstendigen, geordnet vnd gestellt, den newen anfahenden Bevelchssleuten, welche der Kriegsämpter nach nicht wol bericht, sehr förderlich."

Es erscheinen also hier die berühmten Landsknechtführer der Zeiten Maximilian's und Karl's V. gewissermassen als Mitarbeiter, und das Werk ist seinem Inhalt nach ein Resultat der so bedeutungsvollen Entwicklung des Kriegswesens bis zum letzten Jahrzehnt Kaiser Karl's V. Es fasst das Ganze zusammen, denn die folgenden sechs Bücher, welche von der Ausrüstung des Zeughauses, vom Geschützwesen, von Schanzen und Befestigungen u. s. w. handeln, geben die vollständige Ergänzung.

Wir haben gesagt, „ein Resultat bis zum letzten Jahrzehnt Kaiser Karl's V.", denn in der That war das Manuscript schon im Jahr 1546 vollendet, wie denn auch die Holzschnitte die Jahreszahl 1545 und 1546 tragen. Auch zeigt das Bild des obersten Kriegsherrn die wohlbekannte Figur Karl's V. Das Originalmanuscript ist wohl erhalten und befindet sich auf der Hofbibliothek zu München.

Ausser den Jahreszahlen 1545 und 1546 zeigen die meisten Blätter des zweiten Buches noch als Monogramm die vereinigten Buchstaben H und D (HD). Es ist das Monogramm des Zeichners und Formschneiders, welches aller Wahrscheinlichkeit nach einen Künstler des Namens Sebastian oder Bastian Heidegger bezeichnet, der, geboren im Jahre 1520 zu Zürich, sich auch wohl sonst als Stempelschneider und Medailleur einen geschätzten Namen gemacht hat.

Dem Costüme nach stimmen alle Figuren vollständig zu den angegebenen Jahreszahlen mit alleiniger Ausnahme des Blattes 24, das nebst dem Bilde König Philipp's sich in dem ersten Buche befindet und einem besonderen Abschnitt: „Von Vnderweisung eines jungen Gesellen" vorgedruckt ist. Zeichnung und Costüm gehören etwa in das Jahr 1520. Es ist daher ein älterer Holzstock hier gelegentlich wieder verwendet worden. Die Figuren führen im Original die gedruckte Ueberschrift: „Alter Vatter" und „Son".

Wir geben hiernach die ganze Reihe der „Kriegsämpter" und bemerken nur noch, dass die Unterschriften oder Titel sich nicht auf den Holzschnitten des Buches befinden, sondern dem gedruckten Texte entnommen sind.

25. König Philipp, wie bereits angegeben, die Illustration zur Dedication.

26. Karl V. als „Oberster Kriegsherr".

27, 28. Ein Doppelblatt (ebenso im Buch), welches den Kriegsrath darstellt.

29. Oberster Feldhauptmann.

30. Feldmarschall.

31. Oberster Feldzeugmeister.

32. Oberster Leutnant.

33. Oberster über alle Profossen, begleitet von drei Profossen und dem Scharfrichter; die Figur des letzteren fehlt in der Zeichnung des Manuscripts.

34. Oberster Proviantherr.

35. Oberster über alle Reiter.

36. Wagenburgmeister.

37. Reiterwachtmeister.

38. Wagenmeister.

39. Reiterquartiermeister.

40. Rittmeister.

41. Oberster über alles Fussvolk. In dieser Figur erkennt man das breite, von kräftigem Vollbart umgebene Gesicht Georg's von Frundsberg, des „Vaters der Landsknechte".

42. Oberster Profoss, wiederum von vier Personen seiner Execution begleitet, drei derselben mit den Stäben als Amtszeichen.

43. Landsknechtshauptmann.

44. Fähndrich mit der kaiserlichen Fahne.

45. Quartiermeister der Knechte.

46. Wachtmeister der Knechte mit einer Gruppe derselben von verschiedener Bewaffnung im Gefolge.

47. Feldwaibel der Knechte.

48. Führer der Knechte.

49. Der „Hurenwaibel".

50. Der Scharfrichter mit zweien Stöcke führenden Gehülfen.

Aus dieser Liste der „Aemter", von deren Bedeutung der gedruckte Text ausführlichen Bericht giebt, erkennt man die reiche und wohlgeordnete Gliederung des kaiserlichen Kriegsvolks in dieser späteren Zeit Karl's V. Auch das Costüm lässt seit dem Tode des Kaisers Maximilian eine grosse Veränderung ersehen, wenn man die ersten 24 Blätter dieser dritten Abtheilung oder die Blätter der ersten Abtheilung mit den 25 oder 26 Blättern aus dem Werke des Grafen Solms vergleicht. Einzelne Blätter, wie diejenigen von Hans Schäuffelein (Bl. 7—9), das Blatt des Meisters mit den Pilgerstäben (10) und das erste Titelblatt zum Vegetius (11), gehören noch einer Epoche des Landsknechtscostümes an, welche der vollen Höhe und Entfaltung der geschlitzten Tracht voraufgeht. Zumal in der Beinbekleidung, welche zum Theil eng anliegt, wie im fünfzehnten Jahrhundert, zum Theil offen ist und die Beine oder Kniee nackt lässt, liegt etwas sehr Unfertiges. So auch in den Kopfbedeckungen, in den formlosen Baretten auf Bl. 7, 8 und 9. Auf Bl. 13 bei dem von rückwärts gezeichneten Landsknecht zeigt die angeknüpfte Beinbekleidung ein sehr altes Motiv, das noch aus dem Mittelalter herstammt. Im Allgemeinen geben diese Blätter den Stand der Kriegstracht gegen das Jahr 1510 in charakteristischer Weise zu erkennen.

In dem folgenden Jahrzehnt von 1510 bis 1520 entfaltet sich die eigentliche Schlitztracht bei den Landsknechten in ihrer ausgelassenen und phantastischen Weise. Davon gibt Bl. 2 dieser dritten Abtheilung sowohl in dem obersten Feldhauptmann, wie in seinen Begleitern ein schönes Beispiel, während der Hauptmann auf Bl. 3 mit seinem breiten Wamms die edlere Form repräsentirt. Ein phantastisches Beispiel mit der Nachahmung der Bleifenster und der Butzenscheiben auf seiner Beinbekleidung giebt der Schütze auf Bl. 4.

Die Vergleichung der sämmtlichen Figuren aus dem Werke des Grafen Solms (Bl. 24, wie oben besprochen, ausgenommen) ergibt nun, dass das Phantastische und Ueberschwängliche der Schlitztracht sich verloren hat. Wamms und Beinkleid erscheinen bei weitem einfacher, und statt des breiten Waffenrocks (Bl. 3), der sonst wohl auch über der Rüstung zu sehen ist, liegt ein einfacher Rock (Bl. 25) darüber. Die Schlitzung hat namentlich am Beinkleid eine ganz bestimmte Form angenommen. Es ist die Zerschneidung des oberen Beinkleides in ganz gleiche senkrechte Streifen, aus denen der Stoff der Unterlage hervorblickt. (Bl. 28, 33, 42, 44 und oft.) Nur Einzelnes erinnert noch an die Glanzzeit der geschlitzten Tracht zwischen 1510 und 1530. Jene senkrechte Zerschneidung in Streifen aber ist der erste Anfang einer neuen Mode, der Pluderhose. Diese entsteht, indem der Stoff der Unterlage, der auf unseren Beispielen von 1545 und 1546 nur eben aus den Oeffnungen hervorblickt, aus denselben hervorgezogen wird, so sehr, dass er faltig und wallend bis zu den Füssen herabfällt und die Beine umschlottert. Das geschah aber erst etwa ein Jahrzehnt später.

Was noch völlig in der Mode geblieben ist, das sind die breiten Schuhe, nur sind auch daraus die Schlitze verschwunden. Wenige Jahre darnach sollten die Schuhe auf's neue eine gespitzte Form erhalten.

Dagegen sind wieder am Kopfe und seiner Tracht bedeutende Veränderungen wahrzunehmen. Der Vollbart ist mehr als vorher allgemein geworden, das Barett aber, das um das Jahr 1520 alleinherrschend war, hat einen Concurrenten im Hut erhalten, der sogar von den höchsten Häuptern (Bl. 25, 26, König Philipp und Kaiser Karl V.) Besitz ergriffen hat. In der Gestalt bei diesen königlichen Häuptern ist er ohne Frage von Filz; andere Formen, wie auf Bl. 34, 39, wo die Farben abwechseln, dürften von Sammt und Seide sein. Neben diesem — spanischen — Hut erhält sich allerdings noch das Barett, aber es ist durchweg kleiner, steifer, bescheidener geworden, wenn auch zuweilen noch ein Federschmuck, würdig der alten Blüthezeit, es umwallt.

Diese alte Blüthezeit des landsknechtischen Kriegsvolks römisch-kaiserlicher Majestät ist noch nicht verschwunden, aber in Costüm wie Bewaffnung sind mannigfach die Symptome einer neuen Epoche der Militärgeschichte vorhanden, wo der Ritter zum Reiter wird und der freie Landsknecht zum gedrillten Regimentssoldaten.

www.ingramcontent.com/pod-product-compliance
Lightning Source LLC
Chambersburg PA
CBHW081154290426
44108CB00018B/2546